5 LECCIONES PARA MANIFESTAR TUS DESEOS

El Poder De La Conciencia Para Crear Tu Realidad

Colección Deluxe

Por
Neville Goddard
Imaginatio Divina Media

Publicado en 2024 por Imaginatio Divina Media.

Sitio web: www.imaginatiodivinamedia.com

ISBN: 979-8-3305-3121-9

Contenido

5 LECCIONES PARA MANIFESTAR TUS DESEOS

Contenido

RESUMEN

CONTEXTO MODERNO

5 LECCIONES PARA MANIFESTAR TUS DESEOS

LA CONCIENCIA ES LA ÚNICA REALIDAD

LAS ASUNCIONES SE MATERIALIZAN EN HECHOS

PENSAR CUATRIDIMENSIONALMENTE

NADIE QUE CAMBIAR SINO UNO MISMO

PERMANECE FIEL A TU IDEA

PREGUNTAS Y RESPUESTAS

TEMAS CLAVE

CONCLUSIÓN

PLAN DE ACCIÓN PARA LA APLICACIÓN DIARIA

GLOSARIO DE CONCEPTOS CLAVE

LECTURAS RECOMENDADAS

CRONOLOGÍA DE LA VIDA DE NEVILLE GODDARD

ACERCA DE LOS AUTORES

RESUMEN
DE *5 LECCIONES PARA MANIFESTAR TUS DESEOS*:

"5 Lecciones para Manifestar tus Deseos" de Neville Goddard presenta una serie de lecciones que exploran la relación entre la conciencia, la imaginación y la capacidad de manifestación en nuestras vidas. Goddard sostiene que la imaginación es una herramienta poderosa que, al ser usada conscientemente, puede transformar la realidad.

La obra se fundamenta en la idea de que la conciencia es la única realidad; es decir, nuestro estado de conciencia define lo que experimentamos como real. Goddard enfatiza que, al asumir un estado deseado y sentirlo como verdadero, uno puede cambiar su realidad y manifestar sus deseos. Este proceso de manifestación se basa en la visualización intensa y la capacidad de sentir que ya se es o se tiene aquello que se desea, superando las limitaciones de los sentidos físicos.

Además, Goddard interpreta la Biblia desde una perspectiva psicológica y simbólica, donde los personajes y eventos bíblicos representan estados de conciencia en lugar de figuras históricas. A través de historias como las de Moisés, Jacob y Esaú, y otras parábolas, enseña que estos relatos ilustran la capacidad del ser humano para alterar su percepción y realidad. La práctica incluye técnicas de visualización, como crear un estado próximo al sueño, que permite a la persona experimentar su deseo cumplido y, así, acercarlo a su vida.

El libro subraya que el poder de creación y manifestación reside en la mente humana, y que al manejar la imaginación y los estados de conciencia, cualquier persona puede diseñar su realidad.

CONTEXTO MODERNO
DE *5 LECCIONES PARA MANIFESTAR TUS DESEOS*:

"5 Lecciones para Manifestar tus Deseos" de Neville Goddard, se plantea que la imaginación es la clave para crear la realidad, un concepto que se puede conectar de manera significativa con ideas modernas en neurociencia, mindfulness y la ley de la atracción.

1. Neurociencia del pensamiento positivo: Goddard sugiere que al asumir el estado deseado, la mente cambia su percepción de la realidad, un concepto respaldado por la neurociencia moderna. Estudios sobre la plasticidad cerebral muestran que los patrones de pensamiento repetidos pueden cambiar la estructura del cerebro, haciendo que ciertos pensamientos o comportamientos se vuelvan más automáticos. Esta idea de "cambiar el futuro a través del enfoque mental" que describe Goddard encuentra eco en el concepto de reprogramación neuronal a través de la práctica constante del pensamiento positivo y la visualización.

2. Mindfulness: La práctica de "desviar la atención de los sentidos para enfocarse en un estado invisible" que propone Goddard se asemeja al mindfulness, que implica observar y regular la atención hacia un objeto o estado interno de calma. En mindfulness, al igual que en las enseñanzas de Goddard, se promueve la práctica consciente de visualizar y experimentar el estado deseado, lo que puede llevar a una mayor paz interior y realización personal al reducir la reactividad a las circunstancias externas.

3. Ley de la Atracción: El principio de la ley de la atracción, que sostiene que "lo semejante atrae a lo semejante", también aparece en la obra de Goddard. Según él, al asumir la sensación del deseo cumplido y actuar en congruencia con este estado, el individuo logra atraer hacia sí mismo las experiencias correspondientes. Esto se asemeja a la idea de la ley de la atracción moderna, donde se visualiza el deseo con una fe inquebrantable para que se manifieste en la realidad física.

Los conceptos de Neville Goddard sobre la imaginación y la manifestación se alinean con principios contemporáneos en estas disciplinas, sugiriendo una unión entre prácticas espirituales y fundamentos científicos en el ámbito de la conciencia y el desarrollo personal.

5 LECCIONES
PARA MANIFESTAR TUS DESEOS

Por Neville Goddard
(1948)

LECCIÓN 1
LA CONCIENCIA ES LA ÚNICA REALIDAD
(Neville Goddard - 1948)

Este va a ser un curso muy práctico. Por lo tanto, espero que todo el mundo en esta clase tenga una imagen muy clara de lo que desea, porque estoy convencido de que podéis realizar vuestros deseos mediante la técnica que recibiréis esta semana en estas cinco lecciones.

Para que podáis recibir el beneficio completo de estas instrucciones, permítaseme decir ahora que la Biblia no hace referencia en absoluto a personas que hayan existido o a cualquier evento que nunca ocurriera en la tierra.

Los narradores antiguos no estaban escribiendo la historia, sino una imagen alegórica de una lección de ciertos principios básicos que ellos vistieron con el ropaje de la historia, y adaptaron estas historias a la limitada capacidad de una gente más crédula y acrítica.

A lo largo de los siglos hemos tomado erróneamente las personificaciones por personas, la alegoría por historia, el vehículo que transmite la instrucción por la instrucción, y el sentido burdo primario por el sentido último deseado.

La diferencia entre la forma de la Biblia y su sustancia es tan grande como la diferencia entre un grano de maíz y el gérmen de la vida dentro de ese grano. A medida que nuestros órganos de asimilación discriminan entre los alimentos que se pueden incorporar a nuestro sistema y los alimentos que deben ser desechados, también nuestras facultades intuitivas despiertas descubren debajo de la alegoría y la parábola, el gérmen vital psicológico de la Biblia y, alimentándonos de éste, nosotros también desechamos la forma que transmite el mensaje.

El argumento en contra de la historicidad de la Biblia es demasiado largo; en consecuencia, no es adecuado para su inclusión en esta interpretación psicológica práctica de sus historias. Por lo tanto no voy a perder tiempo en tratar de convenceros de que la Biblia no es un hecho histórico.

Esta noche voy a tomar cuatro historias y mostraros lo que los antiguos narradores intentaron que vosotros y yo viéramos en estas historias. Los maestros antiguos adjudicaron verdades psicológicas a las alegorías fálicas y solares. Ellos no sabían tanto de la estructura física del hombre como los científicos modernos, ni sabían tanto sobre los cielos como nuestros astrónomos modernos. Pero lo poco que sabían lo utilizaban sabiamente y construyeron tramas fálicas y solares a las que ligaron las grandes verdades psicológicas que habían descubierto.

En el Antiguo Testamento encontraréis mucho de la adoración fálica. Como no es útil, no voy a destacarla. Sólo os mostraré cómo interpretarlo.

Antes de llegar al primero de los dramas psicológicos que tú y yo podemos utilizar en un sentido práctico, permitidme exponer los dos nombres sobresalientes de la Biblia: el que tú y yo traducimos como DIOS o JEHOVAH, y el que llamamos su hijo, que tenemos como JESÚS.

Los antiguos escribían estos nombres usando pequeños símbolos. La antigua lengua, llamada la lengua hebrea, no era una lengua que tú usaras con la respiración. Era un lenguaje místico nunca pronunciado por el hombre. Los que lo entendían, lo entendían como los matemáticos entienden los símbolos de las matemáticas superiores. No es algo que la gente utilizaba para transmitir el pensamiento como ahora uso el idioma inglés.

Decían que el nombre de Dios era deletreado JOD HE VAU HE. Voy a tomar estos símbolos y en nuestro lenguaje normal, de la tierra, los explicaré de esta manera.

La primera letra, JOD en el nombre de Dios es una mano o una semilla, no sólo una mano, sino la mano del director. Si hay un órgano del hombre que lo diferencia y lo sitúa aparte del mundo entero de la creación es su mano. Lo que llamamos una mano en el simio antropoide no es una mano. Se utiliza sólo con el fin de llevar alimento a la boca, o para balancearse de rama en rama. La mano del hombre da forma, moldea. Realmente no puedes expresarte sin la mano. Esta es la mano del constructor, la mano del director; dirige, moldea y construye dentro de tu mundo.

Los antiguos narradores llamaron a la primera letra JOD, la mano, o la semilla absoluta de la que saldrá toda la creación.

Para la segunda letra, HE, dieron el símbolo de una ventana. Una ventana es un ojo -- la ventana es a la casa lo que el ojo es al cuerpo.

La tercera letra, VAU, la llamaron un clavo. Un clavo se utiliza con el fin de unir cosas. La conjunción "y" en la lengua hebrea no es más que la tercera letra o VAU. Si quiero decir 'el hombre y la mujer', pongo la VAU en el medio, que los une.

La cuarta y última letra, HE, es otra ventana u ojo.

En este moderno, lenguaje nuestro, de la tierra, podéis olvidaros de ojos y ventanas y manos y mirarlo de esta manera. Tú estás sentado aquí ahora. Esta primera letra, JOD, es tu YO SOYdad, tu consciencia. Tú eres consciente de ser consciente – esa es la primera letra. De esta consciencia vienen todos los estados de conciencia.

La segunda letra, HE, llamada un ojo, es tu imaginación, tu capacidad de percibir. Tú imaginas o percibes algo que parece ser distinto del Yo. Como si estuvieras perdido en un ensueño y contemplaras los estados mentales de una manera despegada, haciendo del pensador y sus pensamientos entidades separadas.

La tercera letra, VAU, es tu capacidad de sentir que eres lo que deseas ser. Cuando sientes que lo eres te vuelves consciente de serlo. Caminar como si fueras lo que quieres ser es llevar tu deseo fuera del mundo imaginario y poner la VAU sobre él. Has completado el drama de la creación. Soy consciente de algo. Entonces me vuelvo consciente de ser efectivamente eso de lo cual era consciente.

La cuarta y última letra en el nombre de Dios es otra HE, otro ojo, que significa el mundo objetivo visible que constantemente da testimonio de lo que soy consciente de ser. Tú no haces nada sobre el mundo objetivo, él siempre se amolda en armonía con lo que tú eres consciente de ser.

Te dijeron que este es el nombre por el que todas las cosas son hechas, y sin él no se hace nada de lo que se hace. El nombre es simplemente lo que tú tienes ahora mientras estás aquí sentado. Tú eres consciente de ser, ¿no? Ciertamente lo eres. Tú eres también consciente de algo que no eres tú mismo: la sala, los muebles, la gente.

Ahora, puedes ser selectivo. Tal vez no quieres ser otro que el que eres, o poseer lo que ves. Pero tienes la capacidad de sentir lo que sería ser ahora otra persona que la que eres. Cuando asumes que eres la persona que quieres ser, has completado el nombre de Dios o el JOD HE VAU HE. El resultado final, la objetivación de tu asunción, no es tu problema. Saldrá a la vista automáticamente cuando asumas la conciencia de serlo.

Ahora pasemos al nombre del Hijo, pues él da al Hijo dominio sobre el mundo. Tú eres ese Hijo, tú eres el gran Josué, o Jesús, de la Biblia. Sabes que el nombre Josué o Jehoshua lo hemos anglicanizado como Jesús.

El nombre del Hijo es casi como el nombre del Padre. Las tres primeras letras del nombre del Padre son las tres primeras letras del nombre del Hijo, JOD HE VAU, a continuación se agrega SHIN y AYIN, por lo que el nombre del Hijo se lee, JOD HE VAU SHIN AYIN.

Habéis oído que las tres primeras son: JOD HE VAU. JOD significa que tú eres consciente; HE significa que eres consciente de algo, y VAU significa que te haces consciente de ser eso de lo que eres consciente. Tú tienes dominio porque tienes la capacidad de concebir y convertirte en lo que tú concibes. Ese es el poder de creación.

¿Pero por qué hay una SHIN puesta en el nombre del Hijo? Debido a la infinita misericordia de nuestro Padre. Aunque el Padre y el Hijo son uno. Pero cuando el Padre se hace consciente de ser hombre pone dentro la condición llamada hombre que no se dio para sí mismo. Él pone una SHIN para eso, una SHIN es simbolizada por un diente.

Un diente es lo que consume, lo que devora. Debo de tener en mí el poder de consumir lo que ahora me disgusta. Yo, en mi ignorancia, doy nacimiento a ciertas cosas que ahora no me gustan y me gustaría dejar atrás. Si no tuviera dentro de mí las llamas que lo consumieran, estaría condenado para siempre a vivir en un mundo con todos mis errores. Pero hay una SHIN, o llama, en el nombre del Hijo, que permite que el Hijo se desprenda de los estados que Él anteriormente expresó dentro del mundo. El hombre es incapaz de ver algo que no sea el contenido de su propia conciencia.

Si ahora en la conciencia me despego de este cuarto volviendo mi atención fuera de él, entonces ya no soy consciente de él. Hay algo en mí que lo devora dentro de mí. Sólo puede vivir dentro de mi mundo objetivo si lo mantengo vivo dentro de mi conciencia.

Es la SHIN, o diente, en el nombre del Hijo que le da dominio absoluto. ¿Por qué esto no podría haber sido en el nombre del Padre? Por esta sencilla razón: Nada puede dejar de ser en el Padre. Incluso las cosas desagradables no pueden dejar de ser. Si yo una vez les doy expresión, siempre y para siempre permanecen encerradas dentro del Yo dimensionalmente más grande que es el Padre. Pero no me gustaría mantener vivos en mi mundo todos mis errores. Así que Yo, en mi infinita misericordia me doy a mí mismo, cuando me hago hombre, el poder para desprenderme de esas cosas a las que yo, en mi ignorancia, he dado nacimiento en mi mundo.

Estos son los dos nombres que te dan dominio. Tú tienes dominio si, cuando caminas por la tierra, sabes que tu conciencia es Dios, la sola y única realidad. Te haces consciente de algo que te gustaría expresar o poseer. Tienes la capacidad de sentir que eres y posees lo que sólo un momento antes era imaginario. El resultado final, la encarnación de tu asunción, está completamente fuera de las atribuciones de una mente tridimensional. Viene a nacer de una manera que nadie sabe.

Si estos dos nombres son claros en el ojo de tu mente, verás que son tus nombres eternos. Mientras estás aquí sentado eres ese JOD HE VAU HE; tú eres el JOD HE VAU SHIN AYIN.

Las historias de la Biblia se ocupan exclusivamente del poder de la imaginación. En realidad son dramatizaciones de la técnica de la oración, pues la oración es el secreto para cambiar el futuro. La Biblia nos revela la clave por la cual el hombre entra en un mundo dimensionalmente más grande con el fin de cambiar las condiciones del mundo menor en el que vive.

Una oración concedida implica que algo es hecho a consecuencia de la oración, que de otro modo no habría sido hecho. Por lo tanto, el hombre es la fuente de la acción, la mente dirigente y el que concede la oración.

Las historias de la Biblia contienen un poderoso reto a la capacidad de pensar del hombre. La verdad subyacente – que son dramas psicológicos y no hechos históricos – demanda reiteración, ya que es la única justificación de las historias. Con un poco de imaginación podemos trazar fácilmente el sentido psicológico en todas las historias de la Biblia.

"Y dijo Dios: Hagamos al hombre a nuestra imagen, y según nuestra semejanza; y tenga dominio sobre los peces del mar, y las aves del aire, y sobre el ganado, y sobre toda la tierra, y sobre todo lo que se arrastre sobre la tierra. Así creó Dios al hombre a su imagen, a imagen de Dios lo creó." Génesis 1:26, 27.

Aquí, en el primer capítulo de la Biblia, los maestros antiguos sentaron las bases de que Dios y el hombre son uno, y de que el hombre tiene dominio sobre toda la tierra. Si Dios y el hombre son uno, entonces Dios no puede nunca estar demasiado lejos como tampoco estar cerca, pues cercanía implica separación.

Surge la pregunta: ¿Qué es Dios? Dios es la consciencia del hombre, su conciencia, su YO SOYdad. El drama de la vida es psicológico, en el cual nosotros traemos las circunstancias a que ocurran por nuestras actitudes y no por nuestros actos. La piedra angular en la que se basan todas las cosas es el concepto de sí mismo del hombre. Él actúa como lo hace, y tiene las experiencias que tiene, porque su concepto de sí mismo es el que es, y no por otra razón. Si tuviera un concepto diferente de sí mismo, actuaría de manera diferente y tendría diferentes experiencias.

El hombre, al asumir la sensación de su deseo cumplido, altera su futuro en armonía con su asunción, ya que, aunque las asunciones sean falsas, si se mantienen, se materializarán en hechos.

A la indisciplinada mente le resulta difícil asumir un estado que es negado por los sentidos. Pero los maestros antiguos descubrieron que el sueño, o un estado próximo al sueño, ayudaba al hombre a hacer su asunción. Por lo tanto, dramatizaron el primer acto creativo del hombre como que el hombre estaba en un sueño profundo. Esto no sólo establece el patrón para todos los actos creativos futuros, sino que nos muestra que el hombre no tiene más que una sustancia verdaderamente suya para usar en crear su mundo, y es él mismo.

"Y el Señor Dios (el hombre) provocó que un profundo sueño cayera sobre Adán y se durmió; y él tomó una de sus costillas, y cerró la carne en su lugar; y de la costilla que el Señor Dios tomó del hombre, hizo una mujer." Génesis 2: 21, 22.

Antes de que Dios formara a esta mujer para el hombre trajo a Adán las bestias del campo y las aves del aire y Adán las nombró. "Todo lo que Adán llamó a cada criatura viviente, ese fue su nombre."

Si tomaras una concordancia o un diccionario de la Biblia y buscaras la palabra muslo como se utiliza en esta historia verás que no tiene nada que ver con el muslo. Se define como las partes blandas que son creativas en un hombre, que cuelgan sobre el muslo de un hombre.

Los antiguos narradores utilizan este marco fálico para revelar una gran verdad psicológica. Un ángel es un mensajero de Dios. Tú eres Dios, como acabas de descubrir pues tu conciencia es Dios, y tienes una idea, un mensaje. Estás luchando con una idea, pues no sabes que ya eres lo que contemplas, ni crees que podrías llegar a serlo. Te gustaría, pero no crees que pudieras.

¿Quién lucha con el ángel? Jacob. Y la palabra Jacob, por definición, significa el suplantador. Te gustaría transformarte y convertirte en lo que la razón y tus sentidos niegan. Cuando luchas con tu ideal, tratando de sentir que lo eres, esto es lo que sucede. Cuando realmente sientes que lo eres, algo sale de ti. Puedes usar las palabras: "¿Quién me ha tocado?, pues he percibido virtud que ha salido de mí."

Te vuelves por un momento, después de una exitosa meditación, incapaz de continuar en el acto, como si fuera un acto creativo físico. Eres igual de impotente después de haber orado con éxito como después del acto creativo físico. Cuando la satisfacción es tuya, ya no tienes hambre de ella. Si el hambre persiste, no explotó la idea dentro de ti, no conseguiste hacerte consciente efectivamente de ser lo que querías ser. Había aún esa sed cuando saliste de la profundidad.

Si puedo sentir que soy lo que hace sólo unos segundos sabía que no era, pero deseaba ser, entonces ya no estoy hambriento de serlo. Ya no estoy sediento porque me siento satisfecho en ese estado. Entonces algo se encoge dentro de mí, no físicamente sino en mi sentir, en mi conciencia, pues eso es la creatividad del hombre. Así su deseo se encoge, pierde el deseo de continuar en esta meditación. Él no se detiene físicamente, él simplemente no tiene deseo de continuar el acto meditativo.

"Cuando oréis creed que habéis recibido, y recibiréis." Cuando el acto creativo físico se ha completado, el tendón que está sobre el hueco del muslo del hombre se encoge, y el hombre se encuentra impotente o se detiene. De la misma manera cuando un hombre ora con éxito él cree que ya es lo que desea ser, por lo tanto no puede seguir deseando ser lo que ya es consciente de ser. En el momento de satisfacción, física y psicológica, algo sale que con el tiempo da testimonio del poder creativo del hombre.

Nuestra próxima historia está en el capítulo 38 del libro del Génesis. Aquí hay un Rey cuyo nombre es Judah, las tres primeras letras de su nombre también empiezan por JOD HE VAU. Tamar es su nuera.

La palabra Tamar significa palmera o la más bella, la más hermosa. Ella es graciosa y hermosa al mirarla y es llamada palmera. Una alta y majestuosa palmera florece incluso en el desierto – donde quiera que esté hay un oasis. Cuando ves la palmera en el desierto habrás encontrado lo que busca la mayoría en esa tierra reseca. No hay nada más deseable para un hombre atravesando un desierto que la vista de una palmera.

En nuestro caso, para ser práctico, nuestro objetivo es la palmera. Eso es lo majestuoso y hermoso que buscamos. Lo que sea que tú y yo queramos, lo que verdaderamente deseamos, es personificado en la historia como Tamar la bella.

Se nos dice que se viste con los velos de una prostituta y se sienta en el lugar público. Su suegro, el Rey Judá, viene junto a ella; y está tan enamorado de esa que está velada que le ofrece un cabrito para intimar con ella.

Ella dijo, "¿Qué me darás como prenda de que me darás un cabrito?"

Mirando a su alrededor dijo, "¿Qué quieres que te dé como prenda?"

Ella respondió: "Dame tu anillo, dame tus brazaletes, y dame tu bastón."

Después de lo cual, tomó de su mano el anillo y el brazalete, y se los dio junto con su cetro. Y él entró en ella y la conoció, y ella concibió de él un hijo.

Esa es la historia; ahora la interpretación. El hombre tiene un regalo para dar que es verdaderamente suyo, y es él mismo. No tiene otro regalo, como te decían en el mismo primer acto creativo de Adán engendrando a la mujer de sí mismo. No había ninguna otra sustancia en el mundo sino él mismo con que pudiera dar forma al objeto de su deseo. De la misma manera Judá no tenía más que un regalo para dar que fuera realmente suyo -- él mismo, como el anillo, los brazaletes y el cetro simbolizaban, pues esos eran los símbolos de su realeza.

El hombre ofrece lo que no es él mismo, pero la vida exige que dé lo único que le simboliza. "Dame tu anillo, dame tu brazalete, dame tu cetro." Éstos hacen al Rey. Cuando los da se da a sí mismo.

Tú eres el gran Rey Judá. Antes de que puedas conocer a tu Tamar y hacerla concebir tu semejanza en el mundo, debes entrar en ella y darte tú mismo. Supongamos que quiero seguridad. No la puedo conseguir conociendo a gente que la tenga. No puedo conseguirla manejando los hilos. Debo llegar a ser consciente de estar seguro.

Digamos que quiero estar sano. Las píldoras no lo harán. La dieta o el clima no lo harán. Debo llegar a ser consciente de estar sano asumiendo la sensación de estar sano.

Tal vez quiero ser elevado en este mundo. Meramente mirando a reyes y presidentes y gente noble y viviendo en su reflejo no me harán digno. Debo llegar a ser consciente de ser noble y digno y caminar como si yo fuera lo que ahora quiero ser.

Cuando camino en esa luz me doy yo mismo a la imagen que frecuentaba mi mente, y con el tiempo ella me da un hijo; lo que significa que objetivo un mundo en armonía con lo que soy consciente de ser.

Tú eres el Rey Judá y eres también Tamar. Cuando llegas a ser consciente de ser lo que quieres ser eres Tamar. Entonces cristalizas tu deseo dentro del mundo que te rodea.

No importa qué historias lees en la Biblia, no importa cuántos personajes estos antiguos narradores introdujeron en el drama, hay una cosa que tú y yo siempre debemos tener en cuenta – todos ellos tienen lugar en la mente del hombre individual. Todos los personajes viven en la mente del hombre individual.

Al leer la historia, haz que se ajuste al modelo de ti mismo. Sabe que tu consciencia es la única realidad. Luego ten claro lo que quieres ser. Luego asume la sensación de ser lo que quieres ser, y permanece fiel a tu asunción, viviendo y actuando en tu convicción. Siempre haz que se ajuste a ese patrón.

Nuestra tercera interpretación es la historia de Isaac y de sus dos hijos: Esaú y Jacob. Se dibuja el cuadro de un hombre ciego que es engañado por su segundo hijo al darle la bendición que pertenecía a su primer hijo. La historia acentúa que el engaño se llevó a cabo a través del sentido del tacto.

"Entonces Isaac dijo a Jacob: Acércate, te ruego que yo pueda sentir, hijo mío, si eres tú mi verdadero hijo Esaú o no. Y se acercó Jacob a Isaac su padre; y él lo sintió…. Y aconteció, luego que Isaac acabó de bendecir a Jacob, y apenas Jacob había salido de la presencia de Isaac su padre, que Esaú su hermano volvió de cazar." Génesis 27:21, 30.

Esta historia puede ser muy útil si la vuelves a representar ahora. Una vez más ten en cuenta que todos los personajes de la Biblia son personificaciones de ideas abstractas y deben ser realizadas en el hombre individual. Tú eres el padre ciego y ambos hijos.

Isaac es viejo y ciego, y sintiendo la proximidad de la muerte, llama a su primer hijo Esaú, un rudo muchacho velludo, y lo manda al bosque a que traiga algún venado.

El segundo hijo, Jacob, un muchacho de piel suave, escuchó por casualidad la petición de su padre. Deseando la primogenitura de su hermano, Jacob, el hijo de piel suave, sacrificó un cabrito del rebaño de su padre y lo despellejó. Luego, vestido con la piel peluda del cabrito que había sacrificado, vino a través de la sutileza y traicionó a su padre haciéndole creer que él era Esaú.

El padre dijo, "Acércate a mí hijo para que yo pueda sentirte. No puedo ver, pero ven que yo puedo sentir." Nota el acento que se pone en sentir en esta historia.

Se acercó y el padre le dijo: "La voz es la voz de Jacob, pero las manos son las manos de Esaú." Y sintiendo esa rudeza, la realidad del hijo Esaú, pronunció la bendición y se la dio a Jacob.

Se te dice en la historia que cuando Isaac pronunció la bendición y Jacob apenas había salido de su presencia, su hermano Esaú llegó de su cacería.

Este es un versículo importante. No te sientas incómodo en nuestro acercamiento práctico a él, pues mientras estás sentado aquí tú, también, eres Isaac. Esta habitación en la que estás sentado es tu presente Esaú. Este es el rudo o sensible mundo conocido, conocido en razón de tus órganos corporales. Todos tus sentidos atestiguan el hecho de que estás aquí en esta sala. Todo te dice que estás aquí, pero tal vez no quieres estar aquí.

Puedes aplicar esto a cualquier objetivo. La habitación en la que estás sentado en cualquier momento – el entorno en el que te encuentras, este es tu mundo rudo o sensatamente conocido o el hijo que se personifica en la historia como Esaú. Lo que te gustaría, en lugar de lo que tienes o eres, es tu estado de piel suave o Jacob, el suplantador.

No envíes a tu mundo visible a cazar, como tanta gente hace, negándolo. Al decir que no existe haces que todo sea más real. En cambio, simplemente quita tu atención de la región de la sensación que en este momento es la habitación que te rodea, y concentra tu atención en lo que quieres poner en su lugar, lo que quieres hacer real.

Al concentrarte en tu objetivo, el secreto es traerlo aquí. Tú debes hacer que ese otro lugar esté aquí y entonces ahora imagina que tu objetivo está tan cerca que puedes sentirlo.

Supongamos que en este mismo momento quiero un piano aquí en esta sala. Ver en el ojo de mi mente un piano existente en otro lugar no lo hace. Pero visualizarlo en esta habitación como si estuviera aquí y poner mi mano mental sobre el piano y sentirlo sólidamente real, es tomar ese estado subjetivo personificado como mi segundo hijo Jacob, y traerlo tan cerca que pueda sentirlo.

Isaac es llamado un hombre ciego. Tú eres ciego porque no ves tu objetivo con tus órganos corporales, no puedes verlo con tus sentidos objetivos. Sólo lo percibes con la mente, pero lo traes tan cerca que puedes sentirlo como si fuera sólidamente real ahora. Cuando se hace esto y te pierdes en su realidad y lo sientes que es real, abre los ojos.

¿Al abrir los ojos que pasa? La habitación que habías dejado fuera hace solo un momento, vuelve de la caza. No bien le diste la bendición – sentir que el estado imaginario es real – el mundo objetivo, que al parecer era irreal, vuelve. Esto no se te dice con palabras como se recoge de Esaú, sino que la misma habitación que te rodea te dice con su presencia que has sido auto-engañado.

Se te dice que cuando te pierdes en la contemplación, sintiendo que eras ahora lo que querías ser, sintiendo que ahora posees lo que deseas poseer, estabas simplemente engañándote. Mira esta sala. Esto niega que estás en otra parte.

Si conoces la ley, ahora dices: "A pesar de que tu hermano vino a través de la sutileza y me traicionó y tomó tu derecho de primogenitura, le di tu bendición y no puedo retractarme."

En otras palabras, tú sigues siendo fiel a esta realidad subjetiva y no le retiras la primogenitura. Le das la primogenitura y esto va a volverse objetivo dentro de este mundo tuyo. No hay lugar en este espacio limitado tuyo para que dos cosas ocupen el mismo espacio al mismo tiempo. Al hacer lo subjetivo real resucita dentro de tu mundo.

Toma la idea que quieres encarnar, y asume que ya lo eres. Piérdete sintiendo que esta asunción es sólidamente real. Cuando le das esta sensación de realidad le has dado la bendición que pertenece al mundo objetivo, y no tienes que ayudar a su nacimiento más de lo que tienes que ayudar al nacimiento de un hijo o de una semilla que plantas en la tierra. La semilla que plantas crece sin la ayuda de nadie, porque contiene en sí todo el poder y todos los planes necesarios para la auto-expresión.

Puedes volver esta noche a representar el drama de la bendición de Isaac a su segundo hijo y ver qué pasa en el futuro inmediato en tu mundo. Tu entorno actual se desvanece, todas las circunstancias de la vida cambian y dan paso a la venida de aquello a lo que le has dado tu vida. Cuando caminas, sabiendo que eres lo que querías ser, lo objetivas sin ayuda de otro.

La cuarta historia para esta noche se ha tomado del último de los libros atribuidos a Moisés. Si necesitas pruebas de que Moisés no lo escribió, lee la historia con atención. Se encuentra en el capítulo 34 del Deuteronomio. Pregunta a cualquier sacerdote o rabino, '¿quién es el autor de este libro?', y te dirán que Moisés lo escribió.

En el capítulo 34 del Deuteronomio leerás de un hombre que escribe su propio obituario, es decir, Moisés escribió este capítulo. Un hombre puede sentarse y escribir lo que le gustaría tener colocado sobre su tumba, pero aquí hay un hombre que escribe su propio obituario. Y luego muere y tan completamente se borra que él desafía a la posteridad a encontrar dónde se ha enterrado.

"Así que Moisés, el siervo del Señor, murió allí en la tierra de Moab, conforme a la palabra del Señor. Y él lo enterró en un valle en la tierra de Moab, enfrente de Bet-poer: pero nadie sabe de este sepulcro hasta hoy, Y Moisés tenía ciento veinte años cuando murió: sus ojos nunca fueron oscurecidos, ni su fuerza natural abatida." Deut. 34:5, 6,7.

Debes esta noche – no mañana – aprender la técnica de escribir tu propio obituario y morir tan completamente a lo que eres que nadie en este mundo pueda decirte dónde enterraste al viejo hombre. Si tú estás ahora enfermo y te pones bien, y yo te conozco en razón del hecho de que estás enfermo, ¿dónde puedes señalar y decirme que enterraste al enfermo?

Si eres pobre y pides prestado de todos los amigos que tienes, y de repente te llueve la riqueza, ¿dónde enterraste al pobre? Borras tan completamente la pobreza en el ojo de tu mente que no hay nada en este mundo donde puedas señalar y declarar, ahí es donde lo dejé. Una transformación completa de la conciencia borra toda evidencia de que cualquier otra cosa distinta a esto haya existido nunca en el mundo.

La técnica más bella para la realización del objetivo del hombre se da en el primer versículo del capítulo 34 del Deuteronomio:

"Y Moisés subió desde las llanuras de Moab al monte Nebo, a la cumbre del Pisgah, que está enfrente de Jericó. Y el Señor le mostró toda la tierra de Gilead hasta Dan."

Tú lees ese versículo y dices: "¿Y qué?" Pero toma una concordancia y busca las palabras. La primera palabra, Moisés, significa extraer, rescatar, levantar, ir a buscar. En otras palabras, Moisés es la personificación del poder en el hombre que puede sacar del hombre lo que busca, pues todo viene de dentro, no de fuera. Tú sacas de dentro de tí lo que ahora quieres expresar como algo objetivo para tí mismo.

Tú eres Moisés que sale de las llanuras de Moab. La palabra Moab es una contracción de dos palabras hebreas, Mem y Ab, significa madre-padre. Tu consciencia es la madre-padre, no hay otra causa en el mundo. Tu YO SOYdad, tu consciencia, es este Moab o madre-padre. Siempre estás sacando algo de ella.

La siguiente palabra es Nebo. En tu concordancia Nebo se define como una profecía. Una profecía es algo subjetivo. Si digo, "Así y así será", es una imagen en la mente; no es todavía un hecho. Debemos esperar y bien probar o desmentir esta profecía.

En nuestro lenguaje Nebo es tu voluntad, tu deseo. Es llamado una montaña porque es algo que parece difícil de ascender y de ahí aparentemente imposible de realizar. Una montaña es algo más grande que tú, se eleva sobre tí. Nebo personifica lo que quieres ser en contraste con lo que eres.

La palabra Pisgah, por definición, es contemplar. Jericó es un fragante olor. Y Gilead significa las colinas de los testigos. La última palabra es Dan el Profeta.

Ahora ponlo todo junto en un sentido práctico y ve lo que los antiguos trataron de decirnos. Mientras estoy aquí, habiendo descubierto que mi consciencia es Dios, y que puedo, simplemente sintiendo que soy lo que quiero ser, transformarme a semejanza de lo que estoy asumiendo que soy, ahora sé que yo soy todo lo que se necesita para escalar esta montaña.

Defino mi objetivo. Yo no lo llamo Nebo, yo lo llamo mi deseo. Lo que yo quiera, eso es mi Nebo, es mi gran montaña que voy a escalar. Ahora empiezo a contemplarla, pues subiré a la cumbre de Pisgah.

Debo contemplar mi objetivo, de tal manera que yo tenga la reacción que satisface. Si no tengo la reacción que gusta entonces Jericó no se ve, pues Jericó es un olor fragante. Cuando siento que soy lo que quiero ser no puedo reprimir la alegría que viene con ese sentimiento.

Siempre debo contemplar mi objetivo hasta que tenga la sensación de satisfacción personificada como Jericó. Entonces no hago nada para hacerlo visible en mi mundo; pues los montes de Gilead, que significa hombres, mujeres, niños, todo el vasto mundo a mi alrededor, vienen a dar testimonio. Ellos vienen a testificar que yo soy lo que he asumido ser, y estoy manteniendo en mi interior. Cuando mi mundo se ajusta a mi asunción la profecía está cumplida.

Si yo ahora sé lo que quiero ser, y asumo que lo soy, y camino como si lo fuera, me convierto en ello y convirtiéndome tan completamente muero a mi anterior concepto de mí mismo que no puedo señalar a ningún lugar en este mundo y decir: ahí es donde mi antiguo ser está enterrado. Yo he muerto tan completamente que desafío a la posteridad a encontrar dónde enterré a mi viejo yo.

Debe haber alguien en esta sala que se transformará a sí mismo tan completamente en este mundo que su círculo próximo de amigos no lo reconocerá.

Durante diez años yo fui bailarín, bailando en espectáculos de Broadway, en el vodevil, clubes nocturnos, y en Europa. Hubo un tiempo en mi vida que pensé que no podría vivir sin ciertos amigos en mi mundo. Nos sentábamos a una mesa todas las noches después del teatro y cenábamos bien. Pensaba que nunca podría vivir sin ellos. Ahora confieso que no podría vivir con ellos. No tenemos nada en común hoy día. Cuando nos encontramos, no nos vamos a propósito por el lado opuesto de la calle, pero es casi un frío encuentro porque no tenemos nada de lo que hablar. Tanto morí a esa vida que cuando me encuentro con esa gente ni siquiera pueden hablar de los viejos tiempos.

Pero hay personas que hoy siguen viviendo en ese estado, haciéndose cada vez más pobres. A ellos siempre les gusta hablar de los viejos tiempos. Nunca enterraron a ese hombre en absoluto, él está muy vivo dentro de su mundo.

Moisés tenía 120 años, una edad plena y maravillosa como 120 indica. Uno más dos más cero es igual a tres, el símbolo numérico de la expresión. Soy plenamente consciente de mi expresión. Mis ojos no se debilitaron y las funciones naturales de mi cuerpo no se han abatido. Soy plenamente consciente de ser lo que no quiero ser.

Pero conociendo esta ley por la cual un hombre se transforma a sí mismo, asumo que soy lo que quiero ser y camino en la asunción de que está hecho. Al convertirme en ello, el viejo hombre muere y todo lo que estaba relacionado con ese concepto antiguo de uno mismo muere con él. No puedes llevar ninguna parte del hombre viejo al hombre nuevo. No se puede poner vino nuevo en odres viejos o nuevos parches en ropa vieja. Debes ser un nuevo ser por completo.

Cuando asumes que eres lo que quieres ser, no necesitas la ayuda de otro para hacerlo. Tampoco necesitas la ayuda de nadie para enterrar al viejo hombre por ti. Deja que los muertos entierren a los muertos. Ni siquiera mires atrás, pues nadie que habiendo puesto su mano en el arado y luego mire hacia atrás es apto para el reino de los cielos.

No te preguntes cómo va a ser esto. No importa si tu razón lo niega. No importa si todo el mundo a tu alrededor lo niega. No tienes que enterrar lo viejo. "Deja que los muertos entierren a los muertos." Enterrarás de tal modo el pasado permaneciendo fiel a tu nuevo concepto de Ti mismo que desafiarás a todo el vasto futuro a encontrar dónde lo enterraste. Hasta el día de hoy nadie en todo Israel ha descubierto el sepulcro de Moisés.

Estas son las cuatro historias que os prometí esta noche. Debéis aplicarlas todos los días de vuestra vida. A pesar de que la silla en la que estás ahora sentado parezca dura y no se preste a la meditación puedes, por la imaginación, hacerla la silla más cómoda del mundo.

Permitidme ahora definir la técnica como quiero que la empleéis. Confío en que cada uno de vosotros venga aquí esta noche con una imagen clara de su deseo. No digáis que es imposible. ¿Lo queréis? No tienes que utilizar tu código moral para realizarlo. Esto está totalmente fuera del alcance de tu código.

La conciencia es la sola y única realidad. Por lo tanto, debemos formar el objeto de nuestro deseo de nuestra propia conciencia.

La gente tiene la costumbre de menospreciar la importancia de las cosas simples, y la sugestión para crear un estado próximo al sueño con el fin de ayudarte a asumir lo que la razón y tus sentidos niegan es una de las cosas simples que podrías menospreciar.

Sin embargo, esta sencilla fórmula para cambiar el futuro, que fue descubierta por los maestros antiguos y se nos da en la Biblia, puede ser probada por todos.

El primer paso para cambiar el futuro es Desear, es decir, definir tu objetivo – saber definidamente lo que quieres.

Segundo: construir un evento que creas que encontrarías SIGUIENDO al cumplimiento de tu deseo – un evento que implique el cumplimiento de tu deseo – algo que tendrá la acción del Yo predominante.

El tercer paso es inmovilizar el cuerpo físico e inducir un estado próximo al sueño. Luego, mentalmente siéntete tú mismo justo en la acción propuesta, imagina todo el tiempo que estás efectivamente realizando la acción AQUÍ Y AHORA. Tú debes participar en la acción imaginaria, no meramente estar detrás y mirar, sino SENTIR que tú estás de hecho realizando la acción, de modo que la sensación imaginaria es real para ti.

Es importante recordar siempre que la acción propuesta debe ser una que SIGA al cumplimiento de tu deseo, una que implique cumplimiento. Por ejemplo, supongamos que deseas ascenso en la oficina. Entonces ser felicitado sería un evento que encontrarías siguiendo al cumplimiento de tu deseo.

Habiendo seleccionado esta acción como la que experimentarás en la imaginación para implicar un ascenso en la oficina, inmoviliza tu cuerpo físico e induce un estado fronterizo con el sueño, un estado de somnolencia, pero en el que todavía eres capaz de controlar la dirección de tus pensamientos, un estado en el que estás atento sin esfuerzo. Luego visualiza a un amigo de pie delante de ti. Pon tu mano imaginaria en la suya. Siéntela sólida y real, y lleva a cabo una conversación imaginaria con él en armonía con la SENSACION DE HABER SIDO ASCENDIDO.

No te visualices a distancia en cuanto a espacio y a distancia en cuanto a tiempo siendo felicitado por tu buena fortuna. En lugar de eso HAZ de esa otra parte, AQUÍ y del futuro, AHORA. La diferencia entre el SENTIRTE a ti mismo en acción, aquí y ahora, y visualizarte en acción, como si estuvieras delante de una pantalla de imágenes en movimiento, es la diferencia entre el éxito y el fracaso.

La diferencia se aprecia si ahora mismo te visualizas subiendo una escalera. Entonces, con los párpados cerrados imagina que una escalera está justo en frente de ti y SIÉNTETE A TI MISMO EFECTIVAMENTE SUBIÉNDOLA.

La experiencia me ha enseñado a restringir la acción imaginaria que implica el cumplimiento del deseo, condensar la idea en un solo acto, y representarlo una y otra vez hasta que tenga la sensación de realidad. De lo contrario, tu atención vagará a lo largo de un rastro de asociaciones, y legiones de imágenes asociadas se presentarán a tu atención, y en pocos segundos te llevarán a cientos de millas de tu objetivo en cuanto al espacio y a años de distancia en cuanto al tiempo.

Si decides subir un particular tramo de escalones, porque ese es el probable evento que sigue al cumplimiento de tu deseo, entonces debes limitar la acción a subir ese tramo en particular de escalones. Si tu atención vaga, tráela de vuelta a su tarea de subir ese tramo de escalones, y sigue haciéndolo hasta que la acción imaginaria tenga toda la solidez y nitidez de la realidad.

La idea debe ser mantenida en la mente sin ningún esfuerzo sensible de tu parte. Debes, con el mínimo esfuerzo, impregnar la mente con la sensación del deseo cumplido.

La somnolencia facilita el cambio porque favorece la atención sin esfuerzo, pero no debe ser empujada al estado de sueño en el que ya no eres capaz de controlar los movimientos de tu atención; sino un grado moderado de somnolencia en el que todavía eres capaz de dirigir tus pensamientos.

Una forma más eficaz para encarnar un deseo es asumir la sensación del deseo cumplido y, a continuación, en un estado relajado y somnoliento, repetir una y otra vez, como una canción de cuna, cualquier frase corta que implique el cumplimiento de tu deseo, tal como, "Gracias, gracias, gracias" como si te dirigieras a un poder superior por haberte dado lo que deseabas.

Sé que cuando este curso llegue a su fin el viernes muchos de vosotros seréis capaces de decirme que habéis realizado vuestros objetivos. Hace dos semanas dejé el estrado y fui a la puerta para darle la mano a la audiencia. Estoy seguro al decir que al menos 35 de una clase de 135 me dijeron que lo que deseaban cuando se unieron a esta clase se había realizado ya. Esto sucedió hace apenas dos semanas. No hice nada para hacer que pasara excepto darles esta técnica de oración. No necesitáis hacer nada para hacer que pase – salvo aplicar esta técnica de oración.

Con los ojos cerrados y tu cuerpo físico inmovilizado induce un estado similar al sueño y entra en la acción como si fueras un actor que interpreta el papel. Experimenta en la imaginación lo que experimentarías en la carne si estuvieras ahora en posesión de tu objetivo. Haz que otra parte sea AQUÍ y luego AHORA. Y el tú más grande, utilizando un enfoque más amplio utilizará todos los medios que tiendan hacia la producción de lo que has asumido.

Tú eres liberado de toda responsabilidad para que así sea, porque cuando imaginas y sientes que esto es así tu yo dimensionalmente más grande determina los medios. No penséis por un momento que alguien va a ser dañado para hacerlo así, o que alguien va a ser engañado. De todos modos no es tu problema. Debo haceros entender esto. Demasiados de nosotros, educados en diferentes ámbitos de la vida, están tan preocupados por el otro.

Preguntan, "¿Si yo consigo lo que quiero no implicará daño para otro?" Hay caminos que no conoces, de modo que no te preocupes.

Cierra los ojos ahora, porque vamos a estar en un largo silencio. Pronto estarás tan perdido en la contemplación, sintiendo que eres lo que quieres ser, que serás totalmente inconsciente del hecho de que estás en esta sala con los demás.

Recibirás un choque al abrir los ojos y descubrir que estamos aquí. Debe ser un choque cuando abras los ojos y descubras que en realidad no eres lo que, un momento antes, sentías que eras, o sentías que tenías. Ahora vamos a entrar en la profundidad.

PERIODO DE SILENCIO ....

No necesito recordarte que eres ahora lo que has asumido que eres. No lo discutas con nadie, ni siquiera contigo mismo. No puedes tener pensamientos en cuanto al CÓMO, cuando tú sabes que ya ERES.

Tu razonamiento tridimensional, que es un razonamiento muy limitado de hecho, no debe entrar en este drama. Él no lo conoce. Lo que acabas de sentir que es verdad, es verdad.

Que nadie te diga que no deberías tenerlo. Lo que tú sientes que tienes, lo tendrás. Y te prometo que, después de haber realizado tu objetivo, al reflexionar tendrás que admitir que esta mente racional consciente tuya nunca podría haber ideado el camino.

Eres y tienes eso que en este mismo momento te apropiaste. No lo discutas. No busques a alguien como estímulo, porque la cosa podría no venir. Ha venido. Aborda los asuntos de tu Padre haciendo todo normalmente y deja que estas cosas sucedan en tu mundo.

GUÍA PRÁCTICA

1. Definición Clara de Tu Deseo

- Ejercicio: Dedica unos minutos a escribir de manera clara y específica lo que deseas lograr. Define tu objetivo en términos concretos y positivos.

- Consejo: Asegúrate de que sea un deseo que resuene profundamente contigo. Cuanto más específico seas, mejor.

2. Comprensión de la Conciencia

- Ejercicio: Reflexiona sobre el concepto de que tu conciencia es la única realidad. Pregúntate: "¿Qué significa esto para mí en la práctica diaria?"

- Consejo: Considera cómo tus pensamientos y creencias afectan tu vida actual y cómo puedes comenzar a verlos como herramientas de creación.

3. Visualización del Deseo Cumplido

- Ejercicio: Imagina que ya has logrado tu deseo. Visualiza en detalle cómo se siente, qué ves, qué oyes y cómo reaccionas.

- Consejo: Mantén esta visualización durante al menos 10-15 minutos al día. La claridad y el sentimiento son clave para la manifestación.

4. Asunción de la Nueva Identidad

- Ejercicio: Asume la identidad de la persona que ya ha logrado tu deseo. Pregúntate: "¿Cómo se comporta esta persona? ¿Qué pensamientos tiene?"

- Consejo: Comienza a actuar y pensar como esa persona. Esto puede incluir cambiar tu lenguaje, tus hábitos o tu forma de vestir.

5. Construcción de un Evento Futuro

- Ejercicio: Crea un evento específico que representaría el cumplimiento de tu deseo. Por ejemplo, si deseas un nuevo empleo, imagina el momento en que recibes la oferta.
- Consejo: Este evento debe ser algo que puedas sentir como real y que incluya acciones que seguirías después de haber alcanzado tu objetivo.

6. Inducción de un Estado de Relajación

- Ejercicio: Encuentra un lugar tranquilo, siéntate o acuéstate, y comienza a respirar profundamente. Induce un estado de relajación y somnolencia.
- Consejo: Este estado facilitará la visualización y la conexión con tu deseo.

7. Imaginación Activa

- Ejercicio: En este estado relajado, visualiza y siente que estás viviendo el evento que has construido. Participa activamente en la experiencia imaginaria.
- Consejo: Mantén la sensación de realidad en tu visualización. La diferencia entre visualizar y sentir que estás experimentando el evento es crucial.

8. Repetición de Afirmaciones

- Ejercicio: Usa afirmaciones que refuercen tu nuevo estado. Puedes repetir frases como "Estoy agradecido por [tu deseo]" o "Soy [tu deseo]".
- Consejo: Repite estas afirmaciones en un estado relajado y soñoliento para profundizar su efecto en tu conciencia.

9. Monitoreo de Progresos

- Ejercicio: Lleva un diario donde registres tus visualizaciones, afirmaciones y cualquier cambio que notes en tu vida.

- Consejo: Reflexiona sobre tus experiencias regularmente para mantenerte enfocado en tu objetivo.

10. Confianza en el Proceso

- Ejercicio: Mantén la fe en que lo que has asumido se manifestará en tu vida. No te preocupes por el cómo; concéntrate en el qué.
- Consejo: Permítete soltar cualquier duda o miedo que pueda surgir. Recuerda que tu conciencia es la única realidad.

-

REFLEXIONES FINALES

El proceso de manifestar tus deseos implica un compromiso con la asunción y la conciencia. Al practicar estos pasos con regularidad, estarás cultivando la capacidad de moldear tu realidad. La conciencia y la imaginación son herramientas poderosas que, cuando se utilizan correctamente, pueden llevarte a transformar tu vida. Permanece fiel a tu asunción y observa cómo tu mundo comienza a alinearse con lo que deseas.

LAS ASUNCIONES SE MATERIALIZAN EN HECHOS
(Neville - 1948)

Esta Biblia nuestra no tiene nada que ver con la historia. Algunos de vosotros podéis estar aún inclinados esta noche a creer eso, aunque nosotros podamos darle una interpretación psicológica, se la podría dejar aún en su forma presente y ser interpretada literalmente. No podéis hacer eso. La Biblia no hace referencia en absoluto a gente o sucesos como os han enseñado a creer. Cuanto más pronto comencéis a borrar ese cuadro mejor.

Vamos a tomar unas cuantas historias esta noche, y de nuevo os voy a recordar que debéis representar todas estas historias dentro de vuestra propia mente.

Ten en cuenta que aunque parezcan ser historias de gente totalmente despierta, el drama es realmente entre tú, el dormido, el tú más profundo y el tú consciente despierto. Son personificados como gente, pero cuando vas al punto de aplicación debes recordar la importancia del estado somnoliento.

Toda creación, como decíamos la noche anterior, tiene lugar en el estado de sueño, o en ese estado próximo al sueño – el estado somnoliento.

Dijimos la noche anterior que el primer hombre aún no ha despertado. Tú eres Adán, el primer hombre, aún en el sueño profundo. El tú creativo es el tú cuatridimensional cuyo hogar es simplemente el estado al que entras cuando los hombres te llaman dormido.

Nuestra primera historia para esta noche se encuentra en el Evangelio de Juan. Mientras lo oyes desarrollarse ante tí, quiero que lo compares en el ojo de tu mente con la historia que oíste la noche anterior del libro del Génesis. El primer libro de la Biblia, el libro del Génesis, afirman los historiadores que es la recopilación de sucesos que ocurrieron en la tierra unos 3000 años antes de los recogidos en el libro de Juan. Te pido que seas racional sobre esto y ver si no piensas que el mismo escritor podría haber escrito ambas historias. Juzga si el mismo hombre inspirado no podría haber contado la misma historia y contarla de manera diferente.

Esta es una historia muy conocida, la historia del juicio de Jesús. En este Evangelio de Juan se recoge que Jesús fue llevado ante Poncio Pilato y la multitud clamaba por su vida, querían a Jesús. Pilato se volvió hacia ellos y dijo:

"Pero vosotros tenéis una costumbre, que yo debería soltaros a uno en la Pascua; ¿Queréis pues que os suelte al Rey de los Judíos? Entonces gritaron todos otra vez, diciendo, a ése no, sino a Barrabás. Y Barrabás era un ladrón." Juan 18:39, 40

Se os ha dicho que Pilato no tenía elección en la cuestión, él era sólo un juez interpretando la ley, y esa era la ley. Al pueblo se le tenía que dar al que ellos pedían. Pilato no podía soltar a Jesús contra los deseos de la multitud, y así soltó a Barrabás y les dio a Jesús para ser crucificado.

Ahora tened en cuenta que vuestra conciencia es Dios. No hay otro Dios. Y se os ha dicho que Dios tiene un hijo cuyo nombre es Jesús. Si te tomas la molestia de mirar la palabra Barrabás en tu concordancia, verás que es una contracción de dos palabras hebreas: BAR, que significa una hija o hijo – o niño, y ABBA, que significa padre. Barabbas es el hijo del gran padre. Y Jesús en la historia es llamado el Salvador, el Hijo del Padre.

Tenemos dos hijos en esta historia. Y tenemos dos hijos en la historia de Esaú y Jacob. Ten en cuenta que Isaac era ciego, y la justicia para ser verdadera debe tener los ojos vendados. Aunque en este caso Pilato no está físicamente ciego, el papel dado a Pilato implica que es ciego porque es un juez. En todos los grandes edificios de la ley del mundo vemos a la mujer o al hombre que representa a la justicia con los ojos vendados.

"Juzga no según las apariencias, sino juzga con juicio justo." Juan 7:24.

Aquí encontramos que Pilato está haciendo el mismo papel que Isaac. Hay dos hijos. Todos los personajes como aparecen en esta historia pueden aplicarse a tu propia vida. Tú tienes un hijo que está robándote en este mismo momento lo que tú podrías ser.

Si vienes a esta reunión esta noche consciente de querer algo, deseando algo, tú andas en compañía de Barrabás.

Pero desear es confesar que ahora no posees lo que deseas, y como todas las cosas son tuyas, te robas a tí mismo por vivir en el estado de deseo. Mi salvador es mi deseo. Cuando quiero algo estoy mirando a los ojos de mi salvador. Pero si sigo queriéndolo, niego a mi Jesús, mi salvador, pues cuando yo quiero confieso que yo no soy y "excepto si creéis que YO SOY Él moriréis en vuestros pecados." No puedo tener y seguir deseando aún lo que tengo. Puedo disfrutarlo, pero no puedo seguir queriéndolo.

He aquí la historia. Es la fiesta de la Pascua (Paso). Algo va a cambiar justo ahora, algo va a pasar. El hombre es incapaz de pasar de un estado de conciencia a otro a menos que se libere de la conciencia que tiene ahora, pues ella le ancla donde está.

Tú y yo podemos ir a las fiestas físicas año tras año cuando el sol entra en el gran signo de Aries, pero eso no significa nada para la verdadera Pascua mística. Para celebrar la fiesta de la Pascua, la fiesta psicológica, yo paso de un estado de conciencia a otro. Lo hago soltando a Barrabás, el ladrón y atracador que me roba ese estado que yo podría encarnar dentro de mi mundo.

El estado que busco encarnar es personificado en la historia como Jesús el Salvador. Si me convierto en lo que quiero ser entonces soy salvado de lo que era. Si no me convierto en ello, continúo teniendo encerrado dentro de mí un ladrón que me roba ser lo que podría ser.

Esas historias no hacen referencia a ninguna de las personas que vivían ni a ningún suceso que nunca ocurriera en la tierra. Esos personajes son personajes eternos en la mente de cada hombre en el mundo. Tú y yo mantenemos perpetuamente vivos a Barrabás o a Jesús. Tú sabes en cada momento a quién estás albergando.

No condenes a una multitud por clamar que deberían soltar a Barrabás y crucificar a Jesús. No es una multitud de gente llamados judíos. Ellos no tienen nada que ver con eso.

Si somos sabios, nosotros también deberíamos clamar por soltar ese estado de mente que nos limita ser lo que queremos ser, que nos restringe, que no nos permite convertirnos en el ideal que buscamos y nos esforzamos por alcanzar en este mundo.

No estoy diciendo que no estás esta noche encarnando a Jesús. Sólo te recuerdo que si en este mismo momento tienes una ambición insatisfecha, entonces estás manteniendo eso que niega el cumplimiento de la ambición, y eso que lo niega es Barrabás.

Para explicar la transformación mística y psicológica conocida como la Pascua, o el cruce, debes identificarte ahora con el ideal que tú querrías servir, y debes permanecer fiel al ideal. Si permaneces fiel a él, no sólo lo crucificas por tu fidelidad, sino que lo resucitas sin ayuda de nadie.

Según continúa la historia, nadie se levantaría suficientemente temprano para hacer rodar la piedra. Sin ayuda de nadie la piedra fue quitada, y el que aparentemente estaba muerto y enterrado fue resucitado sin ayuda de nadie.

Andas en la conciencia de ser lo que quieres ser, nadie lo ve aún, pero no necesitas a nadie para hacer rodar los problemas y obstáculos de la vida para expresar lo que eres consciente de ser. Ese estado tiene su propia única manera de encarnarse en este mundo, de hacerse carne que el mundo entero pueda tocarla.

Ahora puedes ver la relación entre la historia de Jesús y la historia de Isaac y sus dos hijos, donde uno sustituyó al otro, donde uno fue llamado el Suplantador del otro. ¿Por qué pensáis que los que recopilaron los sesenta y tantos libros de nuestra Biblia hicieron a Jacob el primer padre de Jesús?

Ello tomaron a Jacob, que fue llamado el Suplantador, y lo hicieron padre de doce, luego tomaron a Judas o alabanza, el quinto hijo y le hicieron el primer padre de José, quien se supone haber sido padre de alguna extraña manera de este llamado Jesús. Jesús debe suplantar a Barrabás como Jacob debe suplantar y tomar el lugar de Esaú.

Esta noche tú puedes estar sentado aquí mismo y conducir el juicio de tus dos hijos, uno de los cuales quieres soltar. Te puedes convertir en la multitud que clama por la liberación del ladrón, y el juez que voluntariamente suelta a Barrabás, y sentencia a Jesús a ocupar su lugar. El fue crucificado en el Gólgota, el lugar de la calavera, el asiento de la imaginación.

Para experimentar la Pascua o paso del viejo al nuevo concepto de tí mismo, debes soltar a Barrabás, tu presente concepto de tí mismo, el cual te roba ser el que podrías ser, y debes asumir el nuevo concepto que deseas expresar.

La mejor manera de hacer eso es concentrar tu atención en la idea de identificarte con tu ideal. Asume que eres ya lo que buscas y tu asunción, aunque falsa, si es sostenida, se materializará en hecho.

Tú sabrás cuando has conseguido soltar a Barrabás, tu viejo concepto de tí mismo, y cuando has crucificado exitosamente a Jesús, o fijado el nuevo concepto de tí mismo, simplemente mirando MENTALMENTE a la gente que conoces. Si los ves como anteriormente los veías, no has cambiado tu concepto de tí mismo, pues todo cambio de concepto de uno mismo resulta una relación modificada con tu mundo.

Siempre parecemos a los demás una encarnación del ideal que nosotros inspiramos. Por lo tanto, en la meditación, debemos imaginar que los demás nos ven como nos verían si fuéramos lo que deseamos ser.

Puedes soltar a Barrabás y crucificar y resucitar a Jesús si primero defines tu ideal. Luego relájate en un cómodo sillón, induce un estado de conciencia próximo al sueño y experimenta en la imaginación lo que experimentarías en la realidad si ya fueras lo que deseas ser.

Por este sencillo método de experimentar en la imaginación lo que experimentarías en la carne si fueras la encarnación del ideal que tú sirves, sueltas a Barrabás que te roba tu grandeza, y crucificas y resucitas a tu salvador, o el ideal que deseabas expresar.

Ahora volvamos a la historia de Jesús en el jardín de Getsemaní. Ten en cuenta que un jardín es una parcela apropiadamente preparada de tierra, no es un baldío. Tú has preparado esa tierra llamada Getsemaní viniendo aquí y estudiando y haciendo algo por tu mente. Emplea un tiempo diariamente en preparar tu mente leyendo buena literatura, oyendo buena música y entrando en conversaciones que ennoblecen.

Se nos dijo en las Epístolas, "Cualquier cosa que sea verdad, cualquier cosa que sea honesta, cualquier cosa que sea justa, cualquier cosa que sea pura, cualquier cosa que sea amable, cualquier cosa que sea de buena relación; si hay alguna virtud, y si hay alguna alabanza, piensa en esas cosas." Fil. 4:8

Continuando con nuestra historia, como se dice en el capítulo 18 de Juan, Jesús está en el jardín y de pronto una multitud empieza a buscarle. El está allí de pie en la oscuridad y dice, "¿A quién buscáis?"

El portavoz llamado Judas responde y dice, "Buscamos a Jesús de Nazaret."

Una voz responde, "Yo soy Él."

En ese instante todos ellos caen a tierra, miles de ellos caídos. Esto en sí mismo debería detenerte justo aquí y hacerte saber que esto no puede ser un drama físico, porque nadie puede ser tan atrevido en su declaración de que él es el que buscan, que pueda hacer que miles de los que le buscan caigan a tierra.

Pero la historia nos dice que todos ellos cayeron a tierra. Luego, cuando recuperaron su compostura preguntaron lo mismo.

"Jesús respondió, os he dicho que yo soy Él: si me buscáis a mí por tanto, dejad a estos seguir su camino." Juan 18:8.

"Entonces le dijo Jesús, lo que haces hazlo rápidamente." Juan 13:27

Judas, quien tiene que hacerlo rápidamente, sale y se suicida.

Ahora al drama. Tú estás en tu jardín de Getsemaní o mente preparada si puedes, mientras estás en un estado próximo al sueño, controlas tu atención y no la dejes vagar fuera de su propósito. Si puedes hacer eso estás definitivamente en el jardín.

Muy poca gente puede sentarse tranquilamente y no entrar en una ensoñación o en un estado de pensamiento incontrolado. Cuando puedes restringir la actividad mental y permanecer fiel a tu observación, no permitiendo que tu atención vague por todo el lugar, sino manteniéndola sin esfuerzo dentro de un campo limitado de presentación para el estado que estás contemplando, entonces eres definitivamente esa presencia disciplinada en el jardín de Getsemaní.

El suicidio de Judas es nada más que cambiar tu concepto de tí mismo. Cuando tú sabes lo que quieres ser has encontrado a tu Jesús o salvador. Cuando asumes que eres lo que quieres ser has muerto a tu anterior concepto de tí mismo (Judas se ha suicidado) y estás ahora viviendo como Jesús. Tú puedes llegar a voluntad a estar despegado del mundo que te rodea, y apegado a lo que quieres encarnar dentro de tu mundo.

Ahora que me has encontrado, ahora que has encontrado al que te podría salvar de lo que eres, deja ir al que eres y todo lo que representa en el mundo. Despégate completamente de él. En otras palabras, sal y suicídate.

Completamente mueres a lo que antes expresabas en este mundo, y completamente vives ahora a lo que nadie vio como cierto de tí antes. Es como si hubieras muerto por tu propia mano, como si te hubieras suicidado. Tomaste tu propia vida habiéndote despegado en consciencia de lo que antes mantenías vivo, y has empezado a vivir a lo que has descubierto en tu jardín. Has encontrado a tu salvador.

No hay hombres caídos, ni un hombre traicionando a otro, sino tú despegando tu atención, y reenfocándola en una dirección enteramente nueva. A partir de este momento andas como si fueras el que anteriormente querías ser. Permaneciendo fiel a tu nuevo concepto de tí mismo, mueres o te suicidas. Nadie te quitó tu vida, la entregaste tú mismo.

Debes ser capaz de ver la relación de esto con la muerte de Moisés, que murió tan completamente que nadie pudo encontrar dónde fue enterrado. Debes ver la relación con la muerte de Judas. Él no es un hombre que traicionó a un hombre llamado Jesús.

La palabra Judas es alabanza; esto es Judah, alabar, dar gracias, explotar de alegría. No explotas de alegría a menos que estés identificado con el ideal que tú buscas y quieres encarnar en este mundo. Cuando consigues identificarte con el estado que contemplas no puedes reprimir tu alegría. Surge como el fragante olor descrito como Jericó en el Antiguo Testamento.

Estoy intentando demostrarte que los antiguos contaron la misma historia en todas las historias de la Biblia. Todo lo que están tratando de decirnos es cómo convertirnos en el que queremos ser. Y ello implica en cada historia que no necesitamos la ayuda de otro. Tú no necesitas a otro para convertirte ahora en lo que realmente quieres ser.

Ahora pasamos a una extraña historia del Antiguo Testamento; una que muy pocos sacerdotes y rabinos serán suficientemente atrevidos para mencionarla desde sus púlpitos. Hay uno que va a recibir la promesa como tú ahora la recibes. Su nombre es Jesús, sólo que los antiguos le llamaban Josué, Jehoshua Ben Nun, o salvador, hijo del pez, el Salvador del gran abismo. Nun significa pez, y pez es el elemento del abismo, el profundo océano. Jehoshua significa

Jehovah salva, y Ben significa la descendencia o hijo de. Así él fue llamado el que trajo la era del pez.

Esta historia está en el 6º libro de la Biblia, el libro de Josué. Una promesa es hecha a Josué como es hecha a Jesús en la forma anglicanizada en los evangelios de Mateo, Marcos, Lucas y Juan.

En el evangelio de Juan, Jesús dice, "Todas las cosas que me diste son de tí." Juan 17:7. "Y todas las mías son tuyas, y las tuyas son mías." Juan 17:10

En el Antiguo Testamento, en el libro de Josué, es dicho con estas palabras: "Cada lugar sobre el que la planta de tu pie pise, yo os lo he dado." Josué 1:3

No importa dónde sea; analiza la promesa y ve si puedes aceptarla literalmente. No es físicamente cierta sino psicológicamente cierta. Dondequiera que puedas estar en este mundo mentalmente tú lo puedes realizar.

Josué está obsesionado por esta promesa de que dondequiera que él pueda poner su pie (el pie es entendimiento), dondequiera que la planta de su pie pise, eso le será dado. El quiere el estado más deseable en el mundo, la fragante ciudad, el delicioso estado llamado Jericó.

Se encuentra bloqueado por los inaccesibles muros de Jericó. Él está afuera, como tú ahora estás afuera. Tú estás funcionando tridimensionalmente y pareces no poder alcanzar el mundo cuatridimensional donde tu deseo presente es ya una concreta realidad objetiva. Pareces no poder alcanzarlo porque tus sentidos te bloquean de ello. La razón te dice que eso es imposible, todas las cosas a tu alrededor te dicen que eso no es cierto.

Ahora tú empleas los servicios de una ramera y espía, y su nombre es Rahab. La palabra Rahab simplemente significa el espíritu del padre. RACE significa el aliento del espíritu, y AB el padre. De ahí encontramos que esta ramera es el espíritu del padre y el padre es la conciencia de ser consciente del hombre, la YO SOYdad del hombre, la consciencia del hombre.

Tu capacidad para sentir es el gran espíritu del padre, y esa capacidad es Rahab en esta historia. Ella tiene dos profesiones, la de espía y la de ramera.

La profesión de espía es: viajar secretamente, viajar tan discretamente que no puedas ser detectado. No hay un solo espía físico en este mundo que pueda viajar tan discretamente que no pueda ser visto en absoluto por los demás. Puede ser muy sabio en ocultar sus caminos, y puede no ser nunca verdaderamente apresado, pero a cada momento corre el riesgo de ser detectado.

Cuando estás sentado tranquilamente con tus pensamientos, no hay nadie en el mundo tan sabio que pueda mirarte y decirte dónde estás habitando mentalmente.

Yo puedo estar aquí y situarme en Londres. Conociendo Londres bastante bien, puedo cerrar los ojos y asumir que estoy de hecho en Londres. Si permanezco dentro de este estado el tiempo suficiente seré capaz de rodearme del entorno de Londres como si fuera un hecho objetivo concreto sólido.

Físicamente aún estoy aquí, pero mentalmente estoy a miles de millas y he hecho que el otro lugar esté aquí. No voy allí como un espía, mentalmente hago que el otro lugar esté aquí y que luego sea ahora. Tú no puedes verme habitar allí, así que piensas que sólo he ido en sueños y que aún estoy aquí en este mundo, este mundo tridimensional que es ahora San Francisco. En lo que a mí respecta físicamente, estoy aquí pero nadie puede decirme dónde estoy cuando entro en el momento de meditación.

La otra profesión de Rahab era la de ramera, que es conceder a los hombres lo que pidan de ella sin cuestionar el derecho del hombre a pedir. Si es una absoluta ramera, como su nombre implica, entonces posee todo y puede conceder todo lo que el hombre pida de ella. Ella está ahí para servir, y no para cuestionar el derecho del hombre a buscar lo que él busca de ella.

Tienes dentro de tí la capacidad para apropiarte de un estado sin saber los medios que serán empleados para realizar ese fin y tú asumes la sensación del deseo cumplido sin tener ninguno de los talentos que los hombres proclaman que debes poseer para hacer eso. Cuando te lo apropias en conciencia has empleado al espía, y porque puedes encarnar ese estado dentro de tí mismo dándotelo efectivamente a tí mismo, eres la ramera, pues la ramera satisface al hombre que la busca.

Tú puedes satisfacerte apropiándote la sensación de que eres lo que quieres ser. Y esta asunción, aunque falsa, esto es, aunque la razón y los sentidos la nieguen, si se persiste en ella, se materializará en hecho. Al encarnar realmente lo que has asumido que eres, tienes la capacidad para satisfacerte completamente. A menos que se convierta en una realidad tangible concreta no serás satisfecho; serás frustrado.

Se te dice en esta historia que cuando Rahab vino a la ciudad para conquistarla, la orden que se le dio fue entrar en el corazón de la ciudad, el corazón de la materia, el centro mismo de ella, y quedarse ahí hasta que yo llegue. No ir de casa en casa, no dejar la habitación superior de la casa en la que entras. Si dejas la casa y hay sangre sobre tu cabeza, es sobre tu cabeza. Pero si no dejas la casa y hay sangre, será sobre mi cabeza.

Rahab entra en la casa, sube al piso superior, y ahí permanece mientras los muros se derrumban. Esto es, debemos mantener un alto estado de ánimo si queremos andar con lo más alto. De una manera muy velada la historia te dice que cuando los muros se desmoronaron y Josué entró, la única que fue salvada en la ciudad fue la espía y ramera cuyo nombre era Rahab.

Esta historia cuenta lo que tú puedes hacer en este mundo. Nunca perderás la capacidad para situarte en otra parte y convertirla en aquí. Nunca perderás la capacidad de darte lo que seas suficientemente atrevido para apropiarte como verdad de tí mismo. Esto no tiene nada que ver con la mujer que interpretó ese papel.

La explicación del derrumbamiento de los muros es sencilla. Se te dice que sopló la trompeta siete veces y al séptimo toque los muros se desmoronaron y entró victoriosamente en el estado que buscaba.

Siete es una quietud, un descanso, el Sabbath. Es el estado cuando el hombre está completamente inconmovible en su convicción de que la cosa existe. Cuando puedo asumir la sensación de mi deseo cumplido e ir a dormir despreocupado, inalterado, estoy en descanso mentalmente, y estoy guardando el Sabbath o estoy tocando la trompeta siete veces. Y cuando alcanzo ese punto los muros se derrumban. Las circunstancias se alteran entonces remodelándose en armonía con mi asunción. Cuando se derrumban resucito lo que me he apropiado interiormente. Los muros, los obstáculos, los problemas, se derrumban por su propio peso si puedo alcanzar el punto de quietud dentro de mí.

El hombre que puede fijar dentro del ojo de su propia mente una idea, incluso aunque el mundo la niegue, si permanece fiel a esa idea la verá manifestada. Hay toda la diferencia del mundo entre sostener la idea y ser sostenido por una idea. Llegar a estar tan dominado por una idea que obsesiona la mente como si tú fueras ella. Entonces, independientemente de lo que los demás puedan decir, estás andando en la dirección de tu actitud mental fija. Estás andando en la dirección de la idea que domina la mente.

Como dijimos la noche pasada, tú no tienes sino un regalo que es verdaderamente tuyo para dar, y eres tú mismo. No hay otro regalo; debes sacarlo de tí mismo para apropiártelo. Está ahí dentro de tí ahora pues la creación está acabada. No hay nada que exista que no sea ahora. No hay nada para ser creado pues todas las cosas ya son tuyas, están todas acabadas.

Aunque el hombre no sea capaz de estar físicamente en un estado, puede siempre estar mentalmente en cualquier estado deseado. Por estar mentalmente quiero decir que tú puedes ahora, en este mismo momento, cerrar tus ojos y visualizar otro lugar distinto al presente, y asumir que estás efectivamente ahí. Puedes SENTIR eso tan real que al abrir tus ojos te asombre descubrir que no estás físicamente ahí.

Este viaje mental al estado deseado, con su consiguiente sensación de realidad, es todo lo necesario para llevar a cabo su cumplimiento. Tu Yo dimensionalmente más grande tiene caminos que el menor, o tú tridimensional, no conoce. Más aún, para el tú más grande todos los medios son buenos para promover el cumplimiento de tu asunción.

Permanece en el estado mental definido como tu objetivo hasta que tenga la sensación de realidad, y todas las fuerzas del cielo y la tierra se apresurarán a ayudar a su encarnación. Tu Yo más grande influirá las acciones y palabras de todos los que puedan ser utilizados para ayudar a la producción de tu actitud mental fija.

Ahora pasamos al libro de Números y aquí encontramos una extraña historia. Confío en que alguno de vosotros haya tenido esta experiencia como se describe en el libro de Números. Hablan de la construcción de un tabernáculo ordenada por Dios; que Dios ordenó a Israel construirle un lugar de adoración.

Él les dio todas las especificaciones del tabernáculo. Tenía que ser un lugar de adoración móvil alargado, y tenía que estar cubierto de piel. ¿Necesitas que te digan algo más? ¿No es eso el hombre?

"¿No sabéis que sois el templo de Dios, y que el espíritu de Dios mora en vosotros?" Cor. 3:16

No hay otro templo. No un templo hecho con las manos, sino un templo eterno en los cielos. Este templo es alargado y está cubierto de piel, y se mueve a través del desierto.

"Y el día que el tabernáculo fue levantado la nube cubrió el tabernáculo, es decir, la tienda del testimonio: y por la tarde había sobre el tabernáculo como una apariencia de fuego, hasta la mañana. Así era siempre: la nube lo cubría de día, y la apariencia de fuego de noche." Núm. 9:15, 16

La orden dada a Israel era detenerse hasta que la nube ascendía de día y el fuego de noche. "Fueran dos días, o un mes, o un año, que la nube se detuviera sobre el tabernáculo, permaneciendo ahí, los hijos de Israel moraban en sus tiendas, y no viajaban: pero cuando se levantada, ellos viajaban." Núm. 9:22

Sabes que tú eres el tabernáculo, pero puedes preguntarte qué es la nube. En meditación muchos de vosotros debéis haberla visto. En meditación, esta nube, como las aguas subterráneas de un pozo artesiano, salta espontáneamente a tu cabeza y forma anillos dorados pulsátiles. Luego, como un suave río fluyen de tu cabeza en una corriente de anillos de oro vivos.

En un estado de ánimo meditativo bordeando el sueño la nube asciende. Es en este estado somnoliento en el que debes asumir que eres lo que deseas ser, y que tienes lo que buscas, pues la nube asumirá la forma de tu asunción y creará un mundo en armonía consigo misma. La nube es simplemente el ropaje de tu conciencia, y donde tu conciencia sea colocada, ahí estarás tú en la carne también.

Esta nube dorada viene en meditación. Hay un cierto punto cuando estás llegando al sueño en que es muy, muy espesa, muy líquida, y muy viva y pulsátil. Comienza a ascender cuando alcanzas el estado meditativo somnoliento, bordeando el sueño. No desmontes el tabernáculo, ni lo muevas hasta que la nube empiece a ascender.

La nube siempre asciende cuando el hombre se acerca a la somnolencia del sueño. Pues cuando un hombre se va a dormir, lo sepa o no, se desliza de un mundo tridimensional a un mundo cuatridimensional y lo que está ascendiendo es la consciencia de ese hombre en un enfoque más grande; es un enfoque cuatridimensional.

Lo que ahora ves ascender es tu yo más grande. Cuando empieza a ascender entras en el estado efectivo de sentir que eres lo que quieres ser. Este es el momento en que te arrullas en el estado de ánimo de ser lo que quieres ser, bien experimentando en la imaginación lo que experimentarías en realidad si fueras ya lo que quieres ser, o bien repitiendo una y otra vez la frase que implique que has hecho ya lo que querías hacer. Una frase como, "¿No es maravilloso, no es maravilloso?", como si algo maravilloso te hubiera sucedido.

"En un sueño, en una visión de la noche, cuando el sueño profundo cae sobre los hombres, adormeciéndolos sobre el lecho. Entonces él abre los oídos de los hombres, y les señala su instrucción." Job 33: 15, 16

Usa sabiamente el intervalo que precede al sueño. Asume la sensación del deseo cumplido y duérmete en este ánimo. De noche, en un mundo dimensionalmente más grande, cuando el sueño profundo cae sobre los hombres, ellos ven y desempeñan los papeles que después desempeñarán en la tierra. Y el drama está siempre en armonía con lo que sus yoes dimensionalmente más grandes leen y juegan a través de ellos. Nuestra ilusión de libre voluntad no es sino ignorancia de las causas que nos hacen actuar.

La sensación que domina la mente del hombre cuando cae dormido, aunque falsa, se materializará en hecho. Asumir la sensación del deseo cumplido cuando caemos dormidos es la orden para este proceso de encarnación, diciendo a nuestro estado de ánimo, "Sé efectivo". De esta manera nos convertimos, a través de un proceso natural, en lo que deseamos ser.

Puedo contarte docenas de experiencias personales donde parecía imposible ir a otra parte pero, colocándome en otra parte mentalmente cuando estaba a punto de dormirme, las circunstancias cambiaban rápidamente, lo que me obligaba a hacer el viaje. Lo he hecho a través del agua colocándome de noche en mi cama como si estuviera durmiendo donde quería estar. Según transcurrían los días las cosas comenzaron a amoldarse en armonía con esa asunción y todas las cosas que debían suceder para obligar a mi viaje sucedían. Y yo, a pesar de mí mismo, debía estar preparado para ir a ese lugar en que asumí que estaba cuando me acerqué a la profundidad del sueño.

Cuando mi nube asciende asumo que soy ya la persona que quiero ser, o que estoy ya en el lugar que quiero visitar. Me duermo en ese lugar ahora. Entonces la vida desmonta el tabernáculo, desmonta mi entorno y reacomoda mi entorno a través de los mares o sobre la tierra y lo reacomoda a semejanza de mi asunción. Esto no tiene nada que ver con hombres caminando a través de un desierto físico. Todo el vasto mundo alrededor tuyo es un desierto.

Desde la cuna hasta la tumba tú y yo caminamos como si camináramos por el desierto. Pero tenemos un tabernáculo donde Dios habita, y es cubierto con una nube que puede ascender y de hecho lo hace cuando nos vamos a dormir o estamos en un estado próximo al sueño. No necesariamente en dos días, puede ascender en dos minutos. ¿Por qué te dieron dos días? Si yo ahora me convierto en la persona que quiero ser puedo llegar a estar descontento mañana. Debería al menos darle un día antes de decidir seguir adelante.

La Biblia dice en dos días, un mes o un año: cuando decidas seguir adelante con este tabernáculo deja ascender la nube. Mientras asciende empiezas a moverte donde está la nube. La nube es simplemente el ropaje de tu consciencia, tu asunción. Donde la conciencia es colocada tú no tienes que llevar el cuerpo físico; éste gravita ahí a pesar de tí. Las cosas suceden para obligarte a moverte en la dirección donde tú estás conscientemente habitando.

"En la casa de mi Padre hay muchas mansiones; si no fuera así, os lo hubiera dicho. Voy a preparar un lugar para vosotros. Y si voy y preparo un lugar para vosotros, vendré de nuevo, y os recibiré en mí; que donde yo estoy ahí vosotros podáis estar también." Juan 14:2,3

Las muchas mansiones son los innumerables estados dentro de tu mente, pues tú eres la casa de Dios. En la casa de mi Padre hay innumerables conceptos de uno mismo. No podrías en una eternidad agotar lo que tú eres capaz de ser.

Si me siento tranquilamente aquí y asumo que estoy en otra parte, he ido y preparado un lugar. Pero si abro los ojos, la bilocación que he creado se desvanece y estoy otra vez aquí en la forma física que dejé detrás de mí cuando fui a preparar un lugar. Pero preparé el lugar no obstante y con el tiempo habitaré físicamente ahí.

No tienes que preocuparte por las maneras y los medios que serán empleados para llevarte a través del espacio a ese lugar donde has ido y mentalmente has preparado. Simplemente siéntate tranquilamente, no importa dónde estés, y mentalmente efectúalo.

Pero te hago una advertencia, no lo intentes a la ligera, pues soy consciente de lo que le pasará a la gente que lo intente a la ligera. Yo lo intenté a la ligera una vez porque yo quería huir, basado sólo en la temperatura del día. Era pleno invierno en New York, y estaba tan deseoso de estar en el clima cálido de las Indias que me dormí esa noche como si durmiera bajo las palmeras. A la mañana siguiente cuando me desperté era aún pleno invierno.

Yo no tenía intenciones de ir a la Indias ese año, pero llegaron penosas noticias que me obligaron a hacer el viaje. Fue en medio de la guerra cuando los barcos estaban siendo hundidos a derecha e izquierda, pero yo zarpé de New York en un barco 48 horas después de recibir esas noticias. Era la única manera de que pudiera ir a Barbados, y llegué justo a tiempo para ver a mi madre y decirle un "Adiós" tridimensional.

A pesar del hecho de no tener intenciones de ir, el Yo más profundo observó dónde la gran nube descendió. Yo la coloqué en Barbados y este tabernáculo (mi cuerpo) tenía que ir y hacer el viaje para cumplir la orden, "Dondequiera que la planta de tu pie pise te lo daré." Dondequiera que la nube descienda en el desierto, ahí reacomodas ese tabernáculo.

Yo zarpé de New York a medianoche en un barco sin pensar en submarinos o ninguna otra cosa. Tenía que ir. Las cosas sucedieron de una manera que yo no podía haber planeado.

Te lo advierto, no lo intentes a la ligera. No digas, "Experimentaré y me pondré en Labrador, sólo para ver si esto funcionará". Irás a Labrador y luego te preguntarás por qué una vez viniste a esta clase. Funcionará si te atreves a asumir la sensación de tu deseo cumplido cuando te vas a dormir.

Controla tus estados de ánimo cuando te vas a dormir. No puedo encontrar una manera mejor de describir esta técnica que llamarla un "sueño despierto controlado". En un sueño pierdes el control, pero intenta que preceda a tu sueño un sueño despierto completamente controlado, entrando en él como lo haces en el sueño, pues en un sueño tú eres siempre muy dominante, tú siempre desempeñas el papel. Tú eres siempre un actor en un sueño, y nunca la audiencia. Cuando tienes un sueño despierto controlado tú eres un actor y entras en el acto del sueño controlado. Pero no lo hagas a la ligera, porque luego debes recrearlo físicamente en un mundo tridimensional.

Ahora antes de que entremos en nuestro momento de silencio hay algo que debo poner muy claro, y es ese esfuerzo que discutimos la noche pasada. Si hay una razón en todo este vasto mundo por la que la gente fracasa es porque son inconscientes de una ley conocida hoy día por los psicólogos como la ley del esfuerzo inverso.

Cuando asumes la sensación de tu deseo cumplido es con un mínimo esfuerzo. Debes controlar la dirección de los movimientos de tu atención. Pero debes hacerlo con el menor esfuerzo. Si hay esfuerzo en el control, y estás obligándolo en una cierta dirección no vas a obtener resultados. Obtendrás los resultados opuestos a los que podrían ser.

Por eso insistimos en establecer la base de la Biblia como Adán dormido. Ese es el primer acto creativo, y no hay registro donde él fuera nunca despertado de ese profundo sueño. Mientras el duerme la creación se detiene.

Tú cambias mejor tu futuro cuando controlas tus pensamientos mientras estás en un estado próximo al sueño, pues entonces el esfuerzo es reducido a su mínimo. Tu atención parece relajarse completamente, y entonces debes practicar mantener tu atención dentro de esa sensación, sin usar la fuerza, y sin hacer esfuerzo.

No pienses por un momento que es el poder de la voluntad lo que lo hace. Cuando sueltas a Barrabás y te identificas con Jesús, no quieres serlo tú mismo, te imaginas que lo eres. Eso es todo lo que haces.

Ahora mientras llegamos a la parte vital de la tarde, el intervalo dedicado a la oración, clarifiquemos otra vez la técnica. Sabe lo que tú quieres. Luego construye un solo evento, un evento que implique el cumplimiento de tu deseo. Restringe el evento a un solo acto.

Por ejemplo, si singularizo como un evento dar la mano a una persona, entonces eso es lo único que hago. No le doy la mano, luego enciendo un cigarrillo y hago otras mil cosas. Simplemente imagino que efectivamente estoy dando la mano y sigo con el acto una y otra y otra vez hasta que el acto imaginario tenga todo la sensación de realidad.

El evento debe siempre implicar el cumplimiento del deseo. Construye siempre un evento que creas que naturalmente encontrarías tras el cumplimiento de tu deseo. Tú eres el juez de qué evento realmente quieres realizar.

Hay otra técnica que os di la última noche. Si no puedes concentrarte en un acto, si no puedes acurrucarte en tu silla y creer que la silla está en otra parte, igual que si esa otra parte estuviera aquí, entonces haz esto: Reduce la idea, condénsala a una sola frase simple como "¿No es maravilloso?" o "Gracias" o "Está hecho" o "Se acabó".

No deberían ser más que tres palabras. Algo que implique que el deseo ya está realizado. "¿No es maravilloso?" o "Gracias", ciertamente implican eso. Estas no son todas las frases que podrías usar. Saca de tu propio vocabulario la frase que mejor se te adapte. Pero hazla muy, muy corta y siempre usa una frase que implique el cumplimiento de la idea.

Cuando tengas tu frase en mente, levanta la nube. Deja ascender la nube simplemente induciendo el estado que bordea el sueño. Simplemente empieza a imaginar y a sentir que estás soñoliento, y en ese estado asume la sensación del deseo cumplido. Entonces repite la frase una y otra vez como una nana. Cualquiera que sea la frase, que implique que la asunción es cierta, que es concreta, que ya es un hecho y tú lo sabes.

Sólo relájate y entra en la sensación de efectivamente ser lo que quieres ser. Cuando haces esto estás entrando en Jericó con tu espía que tiene el poder para darlo. Estás soltando a Barrabás y sentenciando a Jesús a ser crucificado y resucitado. Todas esas historias las estás recreando si ahora comienzas a dejarte llevar y entrar en la sensación de efectivamente ser lo que quieres ser. Ahora podemos ir .....

PERIODO DE SILENCIO ....

Si tus manos están secas, y si tu boca está seca al final de esta meditación es una prueba positiva de que conseguiste levantar la nube. Lo que estuvieras haciendo cuando la nube fue levantada es asunto tuyo enteramente. Pero levantaste la nube si tus manos están secas.

Te daré otro fenómeno que es muy extraño y que no puedo analizar. Ocurre si tú realmente llegas a lo profundo. Encontrarás al despertar que tienes el par de riñones más activo del mundo. He discutido esto con médicos y no han podido explicarlo.

Otra cosa que puedes observar en meditación es una encantadora luz azul líquida. Lo más cercano a lo que puedo compararlo es a alcohol ardiendo. Tú sabes, cuando pones alcohol en el pastel de Navidad y le prendes fuego, la encantadora llama líquida azul que envuelve el pastel hasta que lo soplas. Esa llama es lo más cercano a la luz azul que viene a la frente de una persona en meditación.

No te incomodes. Lo sabrás cuando la veas. Es como dos tonos de azul, uno más oscuro y otro más claro en constante movimiento, exactamente igual que alcohol ardiendo, que es diferente a la llama constante de un chorro de gas. Esta llama está viva, igual que si el espíritu estuviera vivo.

Otra cosa que puede venirte como me pasó a mí. Verás manchas ante tus ojos. No son manchas del hígado como alguna gente te dirá que no saben nada de esto. Son pequeñas cosas que flotan en el espacio como una malla, pequeños círculos todos pegados. Empiezan con una sola célula y vienen en grupos en diferentes patrones geométricos, como gusanos, como estelas, y flotan por toda tu cara. Cuando cierras los ojos aún las ves, probando que no son de afuera, son de dentro.

Cuando empiezas a expandir tu consciencia vienen todas esas cosas. Pueden ser tu corriente sanguínea objetivada por algún extraño truco del hombre que el hombre no comprende suficientemente. No niego que sea tu corriente sanguínea hecha visible, pero no te angusties pensando que son manchas del hígado o alguna otra cosa tonta que la gente te dirá.

Si te vienen esos distintos fenómenos no pienses que estás haciendo algo equivocado. Es la natural y normal expansión que viene a todas las personas que se preocupan de ellas mismas y tratan de desarrollar el jardín de Getsemaní.

En el momento en que empiezas a disciplinar tu mente observando y vigilando tus pensamientos durante todo el día, te conviertes en el policía de tus pensamientos. Rechaza entrar en conversaciones desagradables, rechaza oír atentamente todo lo que destruya.

Comienza a construir dentro del ojo de tu propia mente la visión de la virgen perfecta en vez de la visión de la virgen tonta. Escucha sólo las cosas que traen alegría cuando las oyes. No prestes oídos voluntariamente a lo desagradable, que cuando lo has oído deseas no haberlo hecho. Eso es escuchar y ver cosas sin aceite en tu lámpara, o alegría en tu mente.

Hay dos tipos de vírgenes en la Biblia: cinco vírgenes tontas y cinco vírgenes sabias. En el momento en que te conviertes en la virgen sabia, o tratas de hacer un intento para hacerlo, descubrirás que suceden todas esas cosas. Verás estas cosas, y te interesarán de modo que no tienes tiempo para desarrollar la visión tonta, como mucha gente hace. Espero que nadie aquí lo haga. Porque nadie que se identifique con este gran trabajo puede encontrar gran alegría aún en una discusión de otro que sea desagradable.

GUÍA PRÁCTICA

1. Definición de tu Ideal

- Ejercicio: Tómate un tiempo para escribir claramente cuál es tu ideal. ¿Qué deseas ser? ¿Qué cualidades quieres manifestar en tu vida? Define un objetivo específico y realista.

- Consejo: Sé específico en tu definición. Cuanto más claro sea tu objetivo, más fácil será para tu mente enfocarse en él.

2. Relajación y Preparación Mental

- Ejercicio: Encuentra un lugar tranquilo donde puedas sentarte cómodamente. Cierra los ojos y respira profundamente varias veces. Relaja tu cuerpo y mente.

- Consejo: Usa música suave o sonidos de la naturaleza para ayudar a inducir un estado de relajación profunda.

3. Inducción al Estado de Sueño

- Ejercicio: Una vez relajado, visualiza tu ideal como si ya se hubiera cumplido. Imagina en detalle cómo se siente ser esa persona y las experiencias que conlleva.

- Consejo: Permite que tus pensamientos fluyan sin juzgarlos. Si te distraes, suavemente vuelve tu atención a la visualización.

4. Asunción de la Sensación del Deseo Cumplido

- Ejercicio: Mientras mantienes la visualización, repite una frase que represente tu deseo cumplido (por ejemplo, "Es maravilloso ser [tu ideal]"). Hazlo en un tono afirmativo y seguro.

- Consejo: Mantén esta sensación de haber logrado tu deseo durante al menos 10 minutos antes de dormir.

5. Meditación y Visualización Diaria

- Ejercicio: Dedica un tiempo cada día para repetir este proceso. A medida que avances, observa cualquier cambio en tu vida o en tu percepción de ti mismo.

- Consejo: Mantén un diario de tus experiencias, sentimientos y cualquier señal que percibas en tu vida diaria relacionada con tu asunción.

6. Disciplina Mental

- Ejercicio: A lo largo del día, mantén una vigilancia sobre tus pensamientos. Cada vez que te encuentres pensando en lo opuesto a tu ideal, redirige tu atención hacia pensamientos positivos.

- Consejo: Utiliza afirmaciones positivas para reemplazar pensamientos negativos.

7. Revisión y Ajuste

- Ejercicio: Al final de cada semana, revisa tus progresos. Pregúntate si has notado cambios en tu vida o en cómo te sientes acerca de ti mismo.

- Consejo: No dudes en ajustar tu ideal o la forma en que lo visualizas si sientes que no está resonando contigo.

-

REFLEXIONES FINALES

La clave para materializar tus deseos es la coherencia entre tu pensamiento, tu sentimiento y tu estado de conciencia. Recuerda que cada vez que asumes una nueva identidad o un nuevo ideal, estás "soltando a Barrabás" y permitiendo que "Jesús" (tu ideal) resucite en tu vida. La práctica constante y la atención a tus pensamientos son esenciales para lograr esta transformación.

Aplica esta guía de manera regular y observa cómo los cambios comienzan a manifestarse en tu vida. La transformación interna precede a la transformación externa, así que mantén la fe en tu proceso.

PENSAR CUATRIDIMENSIONALMENTE
(Neville - 1948)

Hay dos perspectivas de hecho sobre el mundo que posee todo hombre, y los antiguos narradores de historias eran plenamente conscientes de estas dos perspectivas. Llamaron a una "la mente carnal" y a la otra "la mente de Cristo."

Reconocemos estos dos centros de pensamiento en la declaración: "El hombre natural no percibe las cosas del Espíritu de Dios: porque son locura para él: ni las puede entender, porque se han de discernir espiritualmente." I Cor. 2:14

Para la mente natural, la realidad se limita al instante llamado ahora, este mismo momento parece contener la totalidad de la realidad, todo lo demás es irreal. Para la mente natural, el pasado y el futuro son puramente imaginarios. En otras palabras, mi pasado, cuando utilizo la mente natural, es sólo una imagen de la memoria de las cosas que fueron. Y para el enfoque limitado de la mente carnal o natural el futuro no existe. La mente natural no cree que podría revisitar el pasado y verlo como algo que está presente, algo que es objetivo y concreto para ella misma, tampoco cree que el futuro exista.

Para la mente de Cristo, la mente espiritual, que en nuestro lenguaje llamaremos el enfoque de la cuarta dimensión, el pasado, el presente y el futuro de la mente natural son un todo presente. Esto abarca toda la gama de impresiones sensoriales que el hombre ha encontrado, encuentra y encontrará.

La única razón por la que tú y yo estamos funcionando como lo estamos haciendo hoy, y no somos conscientes de la perspectiva mayor, es simplemente porque somos criaturas de hábito y el hábito nos vuelve totalmente ciegos a lo que, de lo contrario, deberíamos ver; pero el hábito no es ley. Actúa como si fuera la fuerza más irresistible en el mundo, sin embargo, no es una ley.

Podemos crear un nuevo acceso a la vida. Si tú y yo empleáramos unos minutos todos los días en retirar nuestra atención de la región de la sensación y concentrarla en un estado invisible y permanecer fieles a esta contemplación, sintiendo y percibiendo la realidad de un estado invisible, nos haríamos, con el tiempo, conscientes de este mundo mayor, este mundo dimensionalmente más grande. El estado contemplado es ahora una realidad concreta, desplazada en el tiempo.

Esta noche mientras volvemos a nuestra Biblia juzga tú mismo en cuanto a dónde estás en tu desenvolvimiento presente.

Nuestra primera historia para esta noche es del capítulo 5º del Evangelio de Marcos. En este capítulo hay tres historias contadas como si fueran experiencias separadas de los personajes dominantes.

En la primera historia se nos dice que Jesús se encontró con un hombre loco, un hombre desnudo que vivía en el cementerio y se escondía detrás de las tumbas. Este hombre apeló a Jesús para que no expulsara a los demonios que le acosaban.

Pero Jesús le dijo: "Sal del hombre, espíritu inmundo." Marcos 5:8

Así, Jesús expulsó a los demonios que ahora pueden destruirse, y encontramos a este hombre, por primera vez, vestido y en su sano juicio y sentado a los pies del Maestro. Captaremos el sentido psicológico de este capítulo cambiando el nombre de Jesús por el de razón iluminada o pensamiento cuatridimensional.

Cuando avanzamos en este capítulo se nos dice que Jesús ahora se encuentra con el Sumo Sacerdote cuyo nombre es Jairo, y Jairo el Sumo Sacerdote de la Sinagoga tiene una hija que se está muriendo. Ella tiene 12 años, y él apela a Jesús para que vaya y cure a la niña.

Jesús consiente, y mientras él se pone en marcha hacia la casa del Sumo Sacerdote una mujer en la plaza del mercado tocó su ropa. "Y Jesús, sabiendo inmediatamente en sí mismo que había salido virtud de él, se volvió a la presión y dijo: ¿Quién tocó mi ropa?" Marcos 5:30

La mujer que fue sanada de un flujo de sangre que había tenido durante 12 años confesó que ella le había tocado. "Y él le dijo: Hija, tu fe te ha salvado; vete en paz." Marcos 5:34

Mientras continúa hacia la casa del Sumo Sacerdote le dicen que la niña ha muerto y no hay necesidad de ir a resucitarla. Ella ya no está dormida, sino que ya está muerta.

"Tan pronto como Jesús oyó la palabra que fue dicha, le dijo al jefe de la sinagoga: No temas, sólo cree." Marcos 5:36

"Y cuando estuvo dentro, les dijo, ¿Por qué hacéis este bullicio, y lloráis? La doncella no está muerta, sino dormida." Marcos 5:39

Con esto la multitud entera se burlaba y se reía, pero Jesús, cerrando las puertas contra la multitud burlona, llevó con él a la casa de Jairo a sus discípulos y al padre y la madre de la niña muerta.

Entraron en la habitación donde la doncella estaba tendida. "Y tomó a la doncella de la mano, y le dijo: Doncella, Yo te digo, levántate." Marcos 5:41

"De este profundo sueño ella se despertó y se levantó y caminó, y el Sumo Sacerdote y todos los demás estaban atónitos. Y les trasmitió directamente que ninguna persona debería saberlo; y mandó que se le diera algo de comer." Marcos 5:43

Vosotros estáis esta misma noche, mientras estáis sentados aquí, retratados en este 5º capítulo de Marcos. Un cementerio tiene un sólo propósito: es simplemente un registro de la muerte. ¿Estás tú viviendo en el pasado muerto?

Si estás viviendo entre los muertos, tus prejuicios, tus supersticiones y tus falsas creencias que mantienes tú vivas son las tumbas detrás de las que te escondes. Si te niegas a dejarlos ir, estás igual de loco que el loco de la Biblia, que suplicaba a la razón iluminada que no los expulsara. No hay ninguna diferencia. Pero la razón iluminada es incapaz de proteger a los prejuicios y a la superstición contra las incursiones de la razón.

No hay un hombre en este mundo que tenga un prejuicio, independientemente de la naturaleza del prejuicio, que pueda sostenerlo a la luz de la razón. Dime que estás en contra de una determinada nación, una determinada raza, un cierto "ismo", un cierto algo – no importa lo que sea –, no puedes exponer esa creencia tuya a la luz de la razón y mantenerla viva. Para que pueda mantenerse viva en tu mundo debes esconderla de la razón. No puedes analizarla a la luz de la razón y mantenerla viva. Cuando este enfoque cuatridimensional viene y te muestra un nuevo acceso a la vida y expulsa de tu propia mente todas esas cosas que te acosan, tú estás entonces limpio y vestido en tu sano juicio. Y te sientas a los pies de la comprensión, llamada los pies del Maestro.

Ahora vestido y en tu sano juicio puedes resucitar a los muertos. ¿Qué muertos? La niña de la historia no es una niña. La niña es tu ambición, tu deseo, los sueños incumplidos de tu corazón. Esta es la niña alojada dentro de la mente del hombre. Pues como ya he señalado antes, todo el drama de la Biblia es psicológico. La Biblia no hace referencia alguna a ninguna persona que haya existido, o a ningún acontecimiento que haya ocurrido en la tierra. Todas las historias de la Biblia se desarrollan en la mente del hombre individual.

En esta historia Jesús es el intelecto despierto del hombre. Cuando tu mente funciona fuera del ámbito de tus sentidos presentes, cuando tu mente es sanada de todas las limitaciones anteriores, entonces tú ya no eres el hombre demente, sino que eres esta presencia personificada como Jesús, el poder que puede resucitar los anhelos del corazón del hombre.

Tú eres ahora la mujer con el flujo de sangre. ¿Qué es este flujo de sangre? Una matriz que sangra no es una matriz productiva. Ella lo mantuvo durante 12 años; fue incapaz de concebir. Ella no podía dar forma a su anhelo debido a la persistencia del flujo de sangre. Se te dice que su fe lo cortó. Cuando la matriz lo corta puede dar forma a la semilla o idea.

A medida que tu mente se limpia de tu anterior concepto de tí mismo, tú asumes que eres lo que quieres ser, y permaneciendo fiel a esa asunción, das forma a tu asunción o resucitas a tu hija. Tu eres la mujer limpiada del flujo de sangre, y avanzas hacia la casa de la niña muerta.

La niña o estado deseado por ti es ahora tu concepto fijo de tí mismo. Pero ahora, habiendo asumido que yo soy lo que anteriormente deseaba ser, no puedo continuar deseando lo que soy consciente de ser. Así que no lo comento. No le hablo a nadie respecto a lo que yo soy. Es tan obvio para mí que soy lo que yo quería ser, que camino como si lo fuera.

Caminando como si fuera lo que anteriormente quería ser, mi mundo de enfoque limitado no lo ve y piensa que ya no lo deseo. La niña está muerta dentro de su mundo; pero yo, que conozco la ley, digo, "La niña no está muerta". La doncella no está muerta, sino sólo dormida. Yo ahora la despierto. Yo, por mi asunción, despierto y hago visible en mi mundo lo que asumo, pues las asunciones si se sostienen invariablemente despiertan lo que afirman.

Cierro la puerta. ¿Qué puerta? La puerta de mis sentidos. Simplemente excluyo completamente todo lo que mis sentidos revelan. Niego la evidencia de mis sentidos. Suspendo la limitada razón del hombre natural y camino en esta audaz afirmación de que yo soy lo que mis sentidos niegan.

Con la puerta de mis sentidos cerrada, ¿qué llevo a ese estado disciplinado? No llevo a nadie a ese estado sino a los padres de la niña y a mis discípulos. Cierro la puerta a la burlona multitud que se ríe. Ya no busco confirmación. Niego completamente la evidencia de mis sentidos, que se burlan de mi asunción, y no comento con los demás si mi asunción es posible o no.

¿Quiénes son los padres? Hemos descubierto que el padre-madre de toda creación es la YO SOYdad del hombre. La conciencia del hombre es Dios. Yo soy consciente del estado. Yo soy el padre-madre de todas mis ideas y mi mente permanece fiel a este nuevo concepto de mí mismo. Mi mente está disciplinada. Yo llevo a ese estado a los discípulos, y excluyo de ese estado todo lo que lo negaría.

Ahora la niña, sin ayuda de nadie, ha resucitado. La condición que yo deseaba y asumía que tenía, se objetiva dentro de mi mundo y da testimonio del poder de mi asunción.

Juzga tú mismo, yo no puedo juzgarte. Estás viviendo ahora en el pasado muerto, o estás viviendo como la mujer cuyo flujo de sangre ha sido detenido. ¿Podrías realmente responderme si te hago la pregunta:

"¿Crees ahora que tú, sin la ayuda de nadie, sólo necesitas asumir que eres lo que quieres ser para hacer real esa asunción dentro de tu mundo? ¿O crees que primero debes cumplir una cierta condición impuesta por el pasado, que debes ser de cierta orden, o de cierto 'algo'?"

No estoy siendo crítico de ciertas iglesias o grupos, pero hay quienes creen que nadie fuera de su iglesia o grupo aún no está salvado. Yo nací protestante. Hablas con un protestante;

sólo hay un cristiano, el protestante. Hablas con un católico; ¿por qué no hay nadie en el mundo que sea cristiano más que un católico? Hablas con un judío, y los cristianos son paganos, y los judíos son los elegidos. Hablas con un musulmán; judíos y cristianos son los infieles. Hablas con alguien más y todos esos son los intocables. No importa con quién hables, ellos son siempre los elegidos.

Si crees que debes ser uno de esos para salvarte, sigues siendo aún un demente escondido detrás de esas supersticiones y esos prejuicios del pasado, y estás rogando no ser limpiado.

Algunos de vosotros me decís: "No me pidas renunciar a mi creencia en Jesús el hombre, o en Moisés el hombre, o en Pedro el hombre. Cuando me pides renunciar a mi creencia en esos personajes estás pidiendo demasiado. Déjame esas creencias porque me consuelan. Yo puedo creer que ellos vivieron en la tierra y continuar siguiendo tu interpretación psicológica de sus historias".

Yo digo: Sal del pasado muerto. Sal de ese cementerio y camina, sabiendo que tú y tu Padre sois uno, y tu Padre, a quien los hombres llaman DIOS, es tu propia conciencia. Esa es la única ley creadora en el mundo.

¿De qué estás consciente de ser? Aunque no puedas ver tu objetivo con el enfoque limitado de tu mente tridimensional, eres ahora el que tú has asumido que eres. Camina en esa asunción y permanece fiel a ella.

El tiempo, en esta dimensión de tu ser, late lentamente y tú puedes, incluso después de objetivar tu asunción, no recordar que hubo un tiempo en que esta realidad actual no era más que una actitud mental. Debido a la lentitud del latir del tiempo aquí a menudo no ves la relación entre tu naturaleza interna y el mundo externo que da testimonio de ella.

Juzga tú mismo la posición que ahora ocupas en este 5º capítulo de Marcos. ¿Has resucitado a la niña muerta? ¿Sigues aún necesitando tener esa matriz de tu mente cerrada? ¿Está aún sangrando y por lo tanto no puede ser fértil? ¿Eres ahora el demente que vive en el pasado muerto? Sólo tú puedes juzgarlo y responder a estas preguntas.

Ahora pasamos a una historia en el capítulo 5º del Evangelio de Juan. Esta te mostrará qué bellamente los narradores antiguos hablaban de las dos perspectivas distintas sobre este mundo – una, el limitado enfoque tridimensional, y la otra, el enfoque cuatridimensional.

Esta historia habla de un hombre inválido que es rápidamente sanado. Jesús viene a un lugar llamado Bethesda, que por definición significa la Casa de los Cinco Pórticos. En estos Cinco Pórticos hay innumerables inválidos – cojos, ciegos, paralíticos, atrofiados y demás. La tradición decía que en ciertas épocas del año un ángel descendía y agitaba el estanque que había cerca de esos Cinco Pórticos. Cuando el ángel agitaba el estanque, el primero en entrar era sanado siempre. Pero sólo el primero, no el segundo.

Jesús, viendo a un hombre que era cojo desde el vientre de su madre, le dijo: "¿Quieres ser sanado?" Juan 5:6

"El inválido le respondió: Señor, no tengo a nadie que me meta en el estanque cuando el agua es agitada, pues mientras yo voy, otro desciende antes que yo." Juan 5:7

"Jesús le dijo: Levántate, toma tu cama y anda." Juan 5:8

"E inmediatamente el hombre fue sanado, y tomó su cama y caminó, y ese mismo día era el Sabbath." Juan 5:9

Lees esta historia y piensas que un extraño hombre que poseía poderes milagrosos de repente le dijo al paralítico: "Levántate y anda." No puedo repetir más a menudo que la historia, incluso cuando introduce innumerables individualidades, tiene lugar dentro de la mente de cada hombre.

El estanque es tu conciencia. El ángel es una idea, llamada el mensajero de DIOS. Siendo la conciencia Dios, cuando tienes una idea estás albergando a un ángel. En el instante en que eres consciente de un deseo tu estanque ha sido agitado. El deseo agita la mente del hombre. Querer algo es ser agitado.

En el momento mismo en que tienes una ambición, o un objetivo claramente definido, el estanque ha sido agitado por el ángel, que era el deseo. Se te dice que el primero en el estanque agitado es siempre sanado.

Mis más cercanos compañeros en este mundo, mi esposa y mi hijita, son para mí, cuando me dirijo a ellas, segundos. Yo debo hablar a mi esposa como "tú eres". Debo hablar a cualquiera, no importa lo cercanos que sean, como "Tú eres". Y después de eso la tercera persona: "Él es". Sólo hay una persona en este mundo con quien puedo usar la primera persona del presente y ésa es yo mismo. "Yo soy", se puede decir sólo de mí mismo, no se puede decir de otro.

Por lo tanto, cuando estoy consciente de un deseo que yo quiero ser, pero aparentemente no soy, siendo agitado el estanque, ¿quién puede entrar en ese estanque antes que yo? Sólo yo poseo el poder de la primera persona. Yo soy ese que quiero ser. Excepto que yo crea que yo soy lo que quiero ser, permanezco como era antes y muero en esa limitación.

En esta historia tú no necesitas a nadie que te meta en el estanque cuando tu conciencia es agitada por el deseo. Todo lo que necesitas es asumir que eres ya lo que antes querías ser y estás en él, y nadie puede entrar antes que tú. ¿Qué persona puede entrar antes que tú cuando te vuelves consciente de ser lo que quieres ser? Nadie puede estar antes que tú cuando sólo tú tienes el poder para decir YO SOY.

Esas son las dos perspectivas. Eres ahora lo que tus sentidos negarían. ¿Eres suficientemente audaz para suponer que tú eres ya lo que quieres ser? Si te atreves a asumir que eres ya lo que tu razón y tus sentidos ahora niegan, entonces estás en el estanque y, sin ayuda de nadie, tú también te levantarás y tomarás tu cama y caminarás.

Se te dijo que eso sucedió en el Sabbath. El Sabbath es sólo el sentido místico de quietud, cuando estás despreocupado, cuando no estás ansioso, cuando no estás buscando resultados, sabiendo que las señales siguen y no preceden.

El Sabbath es el día de reposo en el que no hay trabajo. Cuando tú no estás trabajando para hacerlo así estás en el Sabbath. Cuando no estás preocupado en absoluto por la opinión de los demás, cuando caminas como si tú fueras, no puedes levantar un dedo para hacerlo así, estás en el Sabbath. No puedo estar preocupado respecto a cómo será, y aún decir que yo soy consciente de serlo. Si soy consciente de ser libre, seguro, sano y feliz, mantengo esos estados de conciencia sin esfuerzo o trabajo de mi parte. Por lo tanto, estoy en el Sabbath; y debido a que era el Sabbath él se levantó y caminó.

Nuestra siguiente historia es del 4º capítulo del Evangelio de Juan, y la has oído una y otra vez. Jesús llega al pozo y hay una mujer llamada la mujer de Samaria, y él le dijo: "Dame de beber." Juan 4:7

"Entonces le dijo la mujer de Samaria, ¿Cómo es que tú, siendo judío, me pides de beber a mí, que soy mujer samaritana? Pues los judíos no se tratan con los samaritanos." Juan 4:9

"Jesús respondió y le dijo: Si conocieras el don de Dios, y quién es el que te dijo: Dame de beber, tú le habrías pedido a él, y él te habría dado agua viva." Juan 4:10

La mujer al ver que él no tiene nada con qué sacar el agua, y sabiendo que el pozo es hondo, dice: "¿Eres tú más que nuestro padre Jacob, que nos dio el pozo, y del cual bebió él mismo, y sus hijos y su ganado?" Juan 4:12

"Jesús respondió y le dijo: Cualquiera que bebiere de esta agua volvería a tener sed, mas el que bebiere del agua que yo le de, no tendrá sed jamás; pues el agua que yo le daré será en él una fuente de agua brotando para la vida eterna." Juan 4:13,14

Entonces él le dice todo respecto a sí misma y le pide que vaya y llame a su marido. Ella respondió y dijo: "No tengo marido." Juan 4:17

"Jesús le dijo: Bien has dicho, 'No tengo marido', pues has tenido cinco maridos y el que ahora tienes no es tu marido." Juan 4:17, 18

La mujer, sabiendo que esto era cierto, va a la plaza del mercado y le dice a los demás, "He encontrado al Mesías."

Ellos le preguntan, "¿Cómo sabes que has encontrado al Mesías?"

"Porque él me ha dicho todas las cosas que he hecho." responde ella. Aquí hay un enfoque que entra en todo el pasado al menos, y le habla ahora respecto al futuro.

Continuando con la historia, los discípulos vienen a Jesús y dicen: "Maestro, come." Juan 4:31

"Pero él les dijo: Yo tengo una comida para comer que vosotros no conocéis." Juan 4:32

Cuando ellos hablan de una cosecha en cuatro meses, Jesús responde: "¿No decís: Aún faltan cuatro meses hasta que llegue la cosecha? He aquí, yo os digo: Alzad vuestros ojos y mirad los campos; pues ya están blancos para la cosecha." Juan 4:35

Él ve cosas que la gente espera para cuatro meses, o espera para cuatro años; él las ve ahora en un mundo dimensionalmente más grande, que existe ahora, que tiene lugar ahora.

Volvamos a la primera parte de la historia. La mujer de Samaria es el tú tridimensional, y Jesús en el pozo es el tú cuatridimensional. La controversia empieza entre lo que tú quieres ser, y lo que la razón te dice que eres. El tú mayor te dice que si te atrevieras a suponer que eres ya lo que quieres ser, te convertirías en ello.

El tú menor, con su enfoque limitado, te dice: "¿Por qué no tienes un cubo, no tienes una cuerda y el pozo es hondo. Cómo podrías nunca alcanzar la profundidad de ese estado sin los medios para ese fin?"

Respondes y dices, "Si sólo supieras quién te pide a tí de beber tú le pedirías a él." Si sólo supieras qué en tí mismo está urgiéndote a encarnar el estado que ahora buscas, tú suspenderías tu corta visión y le dejarías hacerlo por tí.

Entonces él te dice que tienes cinco esposos, y tú lo niegas. Pero él sabe mucho mejor que tú que tus cinco sentidos te preñan mañana, tarde y noche con sus limitaciones. Te dicen qué hijos tendrás esta noche, mañana y los días por venir. Pues tus cinco sentidos actúan como cinco esposos que constantemente preñan tu conciencia, que es la gran matriz de DIOS, y mañana, tarde y noche te sugieren y te dictan lo que debes aceptar como verdad.

Él te dice el que te gustaría tener, pues tu esposo no es tu esposo. En otras palabras, el sexto aún no te ha preñado. Lo que te gustaría ser es negado por esos cinco, y ellos mantienen el poder, ellos dictan lo que tú aceptarás como verdadero. Lo que te gustaría aceptar aún no ha penetrado en tu mente y preñado tu mente con su realidad. El que tú llamas esposo no es realmente tu esposo. Tú no estás pariendo su semejanza. Parir su semejanza es la prueba de que tú eres su esposa; por lo menos lo has conocido íntimamente. Tú no estás pariendo la semejanza del sexto; estás pariendo sólo la semejanza de los cinco.

Entonces uno se vuelve hacia mí y me dice todo lo que siempre he sabido. Vuelvo atrás en el ojo de mi mente y la razón me dice que a lo largo de mi vida siempre he aceptado las limitaciones de mis sentidos, los he considerado siempre como un hecho, y mañana, tarde y noche he testimoniado esa aceptación.

La razón me dice que sólo he conocido esos cinco desde el momento que nací. Ahora me gustaría salir de la limitación de mis sentidos, pero aún no he encontrado dentro de mí el valor para asumir que yo soy lo que esos cinco negarían que soy. Así que aquí sigo, consciente de mi tarea, pero sin el valor de ir más allá de las limitaciones de mis sentidos, y de lo que mi razón niega.

Él le dice a estos, "Yo tengo comida que no conocéis. Yo soy el pan que cayó del cielo. Yo soy el vino." Yo sé lo que quiero ser, y porque yo soy ese pan lo festejo. Asumo que yo soy, y en lugar de festejar el hecho de que estoy en esta habitación hablando contigo y tú me estás escuchando y que estoy en Los Ángeles, festejo el hecho de que estoy en otra parte y camino aquí como si estuviera en otra parte. Y gradualmente me convierto en lo que festejo.

Dejadme contaros dos historias personales. Cuando yo era niño vivía en un entorno muy limitado, en una pequeña isla llamada Barbados. La comida para los animales era muy, muy escasa y muy cara porque teníamos que importarla. Soy de una familia de 10 hijos y mi abuela vivía con nosotros haciendo 13 a la mesa.

Una y otra vez yo puedo recordar a mi madre diciéndole a la cocinera al principio de la semana, "Quiero que apartes tres patos para la cena del domingo." Esto significaba que tomaría de la piara del patio tres patos y los encerraría en una jaula muy pequeña y los alimentaría, los atiborraría mañana, tarde y noche con maíz y todas las cosas que ella quería a los patos para la fiesta.

Esta era una dieta totalmente diferente de la que normalmente alimentábamos a los patos, porque manteníamos a aquellas aves vivas alimentándolas con pescado. Los manteníamos vivos y gordos con pescado porque era muy barato y abundante, pero tú no podías comer un ave alimentada con pescado, no como a tí y a mi nos gusta un ave.

La cocinera tomaría tres patos, los ponía en una jaula y durante siete días los atiborraba con maíz, leche agria y todas las cosas que queríamos saborear en las aves. Luego, cuando se mataban y servían para cenar siete días después, eran deliciosas aves alimentadas con leche, alimentadas con maíz.

Pero ocasionalmente la cocinera olvidaba apartar las aves, y mi padre, sabiendo que teníamos patos, y creyendo que ella había llevado a cabo la orden, no enviaba nada más para cenar, y tres pescados llegaban a la mesa. No podías tocar esas aves pues tanto eran la encarnación de lo que comieron.

El hombre es un ser psicológico, un pensador. No es en lo que le alimenta físicamente, sino en lo que le alimenta mentalmente en lo que él se convierte. Nos convertimos en la encarnación de aquello de lo que mentalmente nos alimentamos.

Ahora aquellos patos no podían ser alimentados con maíz por la mañana y pescado por la tarde y otra cosa por la noche. Tenía que ser un cambio completo de dieta. En nuestro caso no podemos tener un poquito de meditación por la mañana, blasfemar por la tarde, y hacer otra cosa por la noche. Tenemos que seguir una dieta mental, durante una semana debemos cambiar completamente nuestro alimento mental.

"Todo lo que es verdad, todo lo que es honesto, todo lo que es justo, todo lo que es puro, todo lo que es de buena relación; si hay alguna virtud, y si hay alguna alabanza, pensad en esas cosas." Fil. 4:8

Como un hombre piensa en su corazón así es él. Si yo pudiera ahora seleccionar el tipo de alimento mental que quiero expresar dentro de mi mundo y festejarlo, me convertiría en él.

Déjame decirte por qué estoy haciendo lo que estoy haciendo hoy. Fue en 1933 en Nueva York, y mi viejo amigo Abdullah, con quien estudié hebreo durante cinco años, fue realmente el comienzo del acabar con todas mis supersticiones. Cuando fui a él, yo estaba lleno de supersticiones. Yo no podía comer carne, no podía comer pescado, no podía comer pollo, no podía comer ninguna de esas cosas que vivían en el mundo. No bebía, no fumaba, y estaba haciendo un tremendo esfuerzo para vivir una vida de celibato.

Abdullah me dijo: "No voy a decirte 'tú estás loco' Neville, pero tú tienes que saberlo. Todas esas cosas son estúpidas." Pero yo no podía creer que fueran estúpidas.

En noviembre de 1933, despedí a mis padres en la ciudad de Nueva York, cuando embarcaron para Barbados. Yo había estado en este país 12 años sin deseos de ver Barbados. No tenía éxito y me daba vergüenza ir a casa a ver a los miembros exitosos de mi familia. Después de 12 años en América yo era un fracaso a mis propios ojos. Yo estaba en el teatro y hacía dinero un año y lo gastaba al mes siguiente. No era lo que yo llamaría por sus criterios ni por los míos una persona de éxito.

Imaginaos, cuando me despedí de mis padres en noviembre no tenía ganas de ir a Barbados. El buque partió, y cuando estuve en la calle algo me poseyó con un deseo de ir a Barbados.

Era el año 1933, yo estaba desempleado y no tenía dónde ir, excepto una pequeña habitación en la calle 75. Me fui directamente a mi viejo amigo Abdullah y le dije: "Ab, una extraña sensación me está poseyendo. Por primera vez en 12 años quiero ir a Barbados."

"Si quieres ir, Neville, tú has ido." respondió.

Eso era un lenguaje muy extraño para mí. Estoy en Nueva York en la calle 72 y él me dice que he ido a Barbados. Yo le dije, "¿Qué quieres decir con 'yo he ido', Abdullah?"

Él dijo: "¿Realmente quieres ir?"

Yo respondí, "Sí."

Él entonces me dijo: "Cuando salgas por esa puerta ahora ya no estás caminando por la calle 72, estás caminando por las calles bordeadas de palmeras y cocoteros; esto es, Barbados. No me preguntes cómo vas a ir. Tú estás en Barbados. No dices 'cómo', cuando 'estás allí'. Estás allí. Ahora camina como si estuvieras allí."

Salí de su casa en una nube. Estoy en Barbados. No tengo dinero, no tengo trabajo, ni siquiera estoy bien vestido, y sin embargo estoy en Barbados.

Abdullah no era el tipo de persona con el que podías discutir. Dos semanas después no estaba más cerca de mi objetivo que el día que le dije que quería ir a Barbados. Yo le dije, "Ab, confío en ti implícitamente pero hace un tiempo que no puedo ver cómo esto va a funcionar. No tengo ni un centavo para mi viaje, empecé a explicar."

¿Sabes lo que hizo? Era tan negro como el as de picas, mi viejo amigo Abdullah, con su turbante en la cabeza. Cuando me senté en el salón de su casa, se levantó de la silla y se dirigió hacia su despacho y cerró la puerta, lo que no era una invitación a seguirle. Cuando salió por la puerta me dijo: "He dicho todo lo que tengo que decir."

El 3 de diciembre yo estaba ante Abdullah y le dije otra vez que no estaba más cerca de mi viaje. Él repitió su afirmación, "Tú estás en Barbados."

El último barco para Barbados que podía llevarme allí por la razón que quería ir, que era estar allí para Navidad, salía a mediodía del 6 de diciembre; el viejo Nerissa.

En la mañana del 4 de diciembre, no teniendo trabajo, no teniendo a donde ir, dormí hasta tarde. Cuando me levanté había una carta de correo aéreo de Barbados debajo de mi puerta. Al abrir la carta un pequeño trozo de papel planeó hasta el suelo. Lo cogí y era un cheque por 50,00 $.

La carta era de mi hermano Víctor y decía: "No te estoy pidiendo que vengas, Neville, esto es una orden. Nunca hemos tenido una Navidad en la que todos los miembros de nuestra familia estuvieran presentes al mismo tiempo. Esta Navidad se podría hacer si tú vinieras."

Mi hermano mayor Cecil se fue de casa antes de que el menor naciera y luego empezamos a irnos de casa en diferentes momentos, así que nunca en la historia de nuestra familia estuvimos todos juntos al mismo tiempo.

La carta continuaba: "No estás trabajando, sé que no hay ninguna razón por la que no puedas venir, por lo que debes estar aquí antes de Navidad. Los 50,00 $ incluídos son para comprar algunas camisas o un par de zapatos que puedas necesitar para el viaje. No necesitarás propinas; usa el bar si vas a beber. Iré al barco y pagaré todas tus propinas y gastos efectuados. He cablegrafiado a Furness, Withy & Co. en Nueva York y les dije que te emitieran un billete cuando aparecieras en su oficina. Los 50,00 $ son simplemente para comprar algunas cosas esenciales. Puedes inscribirte como desees a bordo del buque. Te iré a buscar y cuidaré de todos tus gastos."

Fui a Furness, Withy & Co. con mi carta y les dejé leerla. Ellos dijeron: "Hemos recibido el cable Sr. Goddard, pero lamentablemente no nos queda ningún pasaje para la travesía del 6 de diciembre. Lo único disponible es tercera clase entre Nueva York y Santo Tomás. Cuando lleguemos a Santo Tomás tenemos unos cuantos pasajeros que bajarán. Usted puede entonces viajar en 1ª clase de Santo Tomás a Barbados. Pero entre Nueva York y Santo Tomás debe ir en tercera clase, aunque puede tener los privilegios del comedor de 1ª clase y andar por las cubiertas de la primera clase."

Yo dije, "Aceptaré."

Volví a mi amigo Abdullah la tarde del 4 de diciembre y dije: "Funcionó como un sueño." Le dije lo que había hecho, pensando que estaría feliz.

¿Sabes qué me dijo? Dijo: "¿Quién te dijo que vas a ir en tercera clase? ¿Te vi en Barbados, al hombre que eres, yendo en tercera clase? Tú estás en Barbados y fuiste allí en primera clase."

No tuve un momento para volver a verle antes de que embarcara al mediodía del 6 de diciembre. Al llegar al muelle con mi pasaporte y mis papeles para subir a bordo de ese buque, el agente me dijo: "Tenemos buenas noticias para usted, Sr. Goddard. Ha habido una cancelación y va a ir en 1ª clase."

Abdullah me enseñó la importancia de permanecer fiel a una idea y no transigir. Yo me tambaleé, pero él se mantuvo fiel a la asunción de que yo estaba en Barbados y había viajado en primera clase.

Ahora, volviendo a la importancia de nuestras dos historias de la Biblia. El pozo es hondo y no tienes cubo, no tienes cuerda. Faltan cuatro meses para la cosecha y Jesús dice: "Yo tengo una comida para comer que no conocéis. Yo soy el pan del cielo."

Festeja la idea, identifícate con la idea como si hubieras ya encarnado ese estado. Camina en la asunción de que eres lo que quieres ser. Si festejas eso y permaneces fiel a esa dieta mental, lo cristalizarás. Lo traerás a este mundo.

Cuando regresé a Nueva York en 1934, después de tres meses celestiales en Barbados, bebía, fumaba, y hacía todo lo que no había hecho en años.

Me acordé de lo que Abdullah me había dicho, "Después de haber comprobado esta ley te volverás normal, Neville. Tú saldrás de ese cementerio, saldrás de ese pasado muerto en el que piensas que estás siendo santo. Pues todo lo que realmente estás haciendo, sabes, de que estás siendo tan bueno, Neville, no sirve para nada."

Regresé a esta tierra como una persona completamente transformada. A partir de ese día, que fue en febrero de 1934, comencé a vivir cada vez más. Honestamente, no puedo decirte que siempre he tenido éxito. Mis muchos errores en este mundo, mis muchos fracasos, me condenarían si te dijera que he dominado tan completamente los movimientos de mi atención que puedo en todo momento permanecer fiel a la idea que quiero encarnar.

Pero puedo decir con el antiguo maestro, a pesar de que parezca haber fracasado en el pasado, sigo adelante y lucho día tras día para convertirme en lo que yo quiero encarnar en este mundo. Suspende el juicio, niégate a aceptar lo que la razón y los sentidos ahora dictan, y si permaneces fiel a la nueva dieta, te convertirás en la encarnación del ideal al que permaneces fiel.

Si hay un lugar en el mundo que sea distinto a mi pequeña isla de Barbados es Nueva York. En Barbados el edificio más alto es de tres plantas, y las calles están bordeadas de palmeras y cocoteros y todo tipo de cosas tropicales. En Nueva York tienes que ir a un parque para encontrar un árbol.

Sin embargo tuve que caminar por las calles de Nueva York como si caminara por las calles de Barbados. Para la imaginación de uno, todo es posible. Caminé, sintiendo que estaba de hecho caminando por las calles de Barbados, y en la asunción de que casi podía sentir el olor de las callejuelas bordeadas de cocoteros. Empecé a crear dentro del ojo de mi mente la atmósfera que físicamente encontraría cuando estuviera en Barbados.

Mientras permanecía fiel a esta asunción, alguien canceló el pasaje y yo lo recibí. Mi hermano en Barbados, que nunca pensó que yo fuera a casa, tiene la urgencia imperiosa de escribirme una extraña carta. Nunca me había escrito, pero esta vez me escribió, y pensó que él originó la idea de mi visita.

Fui a casa y pasé tres meses celestiales, volví en 1ª clase, y traje de vuelta una buena suma de dinero en el bolsillo, un regalo. Mi viaje, si hubiera tenido que pagarlo, habría sido de 3.000 $, sin embargo lo hice sin un centavo en el bolsillo.

"Tengo caminos que no conocéis. Mis caminos son inescrutables." El yo dimensionalmente mayor tomó mi asunción como una orden e influenció el comportamiento de mi hermano para escribir esa carta, influenció el comportamiento de alguien para cancelar el pasaje de primera clase, e hizo todas las cosas necesarias tendentes hacia la producción de la idea con la que yo estaba identificado.

Yo estaba identificado con la sensación de estar allí. Dormía como si estuviera allí, y todo el comportamiento humano fue moldeado en armonía con mi asunción. Yo no tuve necesidad de ir a Furness, Withy & Co. y rogarles un pasaje, pidiéndoles cancelar alguno de los que estaban reservados de 1ª clase.

No necesité escribir a mi hermano y rogarle que me enviase algo de dinero o comprarme un pasaje. El pensó que él originó el acto. En realidad, hasta el día de hoy, él cree haber iniciado el deseo de llevarme a casa.

Mi viejo amigo Abdullah simplemente me dijo: "Tú estás en Barbados, Neville. Tú quieres estar allí; dondequiera que quieras estar, allí estás. Vive como si tú ya fueras y serás."

Estas son las dos perspectivas sobre el mundo que posee toda persona. No importa quién eres. Todo hijo nacido de mujer, independientemente de la raza, nación o credo, posee dos perspectivas distintas sobre el mundo.

O eres el hombre natural, que no percibe las cosas del Espíritu de Dios, porque para tí en el enfoque natural son locura. O eres el hombre espiritual que percibe las cosas fuera de las limitaciones de tus sentidos, porque todas las cosas son ya realidades en un mundo dimensionalmente más grande. No es necesario de esperar cuatro meses para la cosecha.

O eres la mujer de Samaria o Jesús en el pozo. Eres el hombre esperando en los Cinco Pórticos la agitación y que alguien le introduzca, o eres el que puedes ordenarte a tí mismo levantarte y andar a pesar de que otros esperan.

¿Eres el hombre detrás de las tumbas en el cementerio esperando y rogando no ser limpio, porque no quieres ser limpiado de tus prejuicios? Una de las cosas más difíciles de dejar para el hombre son sus supersticiones, sus prejuicios. Se aferra a ellos como si fueran el tesoro de los tesoros.

Cuando te has limpiado y eres libre, entonces la matriz, tu propia mente es automáticamente sanada. Se convierte en el terreno preparado donde las semillas, tus deseos, pueden enraizar y crecer en la manifestación. El niño que ahora llevas en tu corazón es tu objetivo actual. Tu anhelo actual es un niño que es como si estuviera enfermo. Si asumes que eres ya lo que te gustaría ser, el niño por un momento se vuelve muerto porque no hay perturbación ya.

No puedes ser perturbado cuando tú sientes que eres lo que quieres ser, porque si sientes que eres lo que querías ser estás satisfecho en esa asunción. Para los demás que juzgan superficialmente tú pareces no desear ya, de modo que para ellos el deseo o doncella está muerto. Creen que has perdido tu ambición porque ya no hablas de tu ambición secreta. Te has ajustado completamente a la idea. Has asumido que eres lo que quieres ser. Ya sabes, "Ella no está muerta, ella no está sino dormida." "Voy a despertarla."

Camino en la asunción de que yo soy, y mientras camino, tranquilamente la despierto. Luego, cuando ella despierte, haré lo normal, lo natural; le daré de comer. No voy a alardear de ello y decírselo a los demás. Simplemente voy y no se lo digo a nadie. Alimento ese estado que ahora me gusta con mi atención. Lo mantengo vivo dentro de mi mundo volviéndome atento a él.

Las cosas a las que no estoy atento se desvanecen y se secan dentro de mi mundo, independientemente de lo que sean. No han acabado de nacer y luego permanecen sin alimentar. Les di nacimiento por el hecho de hacerme consciente de ser ellas. Cuando las incorporo dentro de mi mundo, ese no es el final. Ese es el principio. Ahora yo soy una madre que debe mantener vivo ese estado estando atento a él. El día que no estoy atento, le he retirado mi leche, y se borra de mi mundo, cuando me vuelvo atento a otra cosa en mi mundo.

Tú puedes estar atento a las limitaciones y alimentarlas y hacerlas montañas, o puedes estar atento a tus deseos; pero para volverte atento debes asumir que eres ya lo que querías ser.

Aunque hoy hablamos de un enfoque tridimensional y cuatridimensional, no pienses ni por un momento que esos maestros antiguos no eran plenamente conscientes de estos dos centros distintos de pensamiento dentro de la mente de todos los hombres. Ellos personificaron los dos, y trataron de mostrar al hombre que lo único que le priva de ser el hombre que podría ser, es el hábito. Aunque no es una ley, todos los psicólogos te dirán que el hábito es la fuerza más inhibidora del mundo. Restringe completamente al hombre y lo ata y lo hace totalmente ciego a lo que, de otro modo, él debería ser.

Comienza ahora a verte y sentirte mentalmente como el que quieres ser, y festeja esa sensación mañana, tarde y noche. He rastreado la Biblia buscando un intervalo de tiempo que sea de más de tres días y no lo he encontrado.

"Respondió Jesús y les dijo: Destruid este templo y en tres días lo levantaré." Juan 2:19

"Preparad vuestras vituallas; porque dentro de tres días pasaréis el Jordán, para entrar a poseer la tierra que el Señor vuestro Dios os da para que la poseais." Josué 1:11

Si pudiera saturar completamente mi mente con una sensación y caminara como si ya fuera un hecho, se me prometió (y no puedo encontrar ninguna negación de ello en este gran libro) que no necesito más que una dieta de tres días si permanezco fiel a ella. Pero debo ser honesto al respecto. Si cambio mi dieta en el curso del día, extiendo el intervalo de tiempo.

Tú me preguntas, "¿Pero cómo sé yo el intervalo?" Tú, tú mismo determinas el intervalo.

Tenemos hoy día en nuestro mundo moderno una pequeña palabra que confunde a la mayoría de nosotros. Sé que me confundió hasta que profundicé más. La palabra es "acción". La acción se supone que es lo más fundamental en el mundo. No es un átomo, es más fundamental. No es parte de un átomo como un electrón, es más fundamental que eso. Lo llaman la unidad cuatridimensional. Lo más fundamental en el mundo es la acción.

Tú preguntas, "¿Qué es la acción?" Nuestros físicos nos dicen que es la energía multiplicada por el tiempo. Nos quedamos más confusos y decimos, "La energía multiplicada por el tiempo, ¿qué significa eso?" Ellos responden, "No hay respuesta a un estímulo, no importa cuán intenso sea el estímulo, a menos que perdure durante un período determinado de tiempo." Debe haber una duración mínima para el estímulo o no hay respuesta. Por otro lado no hay respuesta al tiempo a menos que haya un grado mínimo de intensidad. Hoy lo más fundamental en el mundo se llama acción, o simplemente energía multiplicada por tiempo.

La Biblia le da como tres días; la duración es de tres días para la respuesta en este mundo. Si yo ahora asumiera que soy lo que quiero ser, y si soy fiel a ello y camino como si lo fuera, el periodo justo más largo dado para su realización es tres días.

Si hay algo esta noche que realmente quieres en este mundo, entonces experimenta en la imaginación lo que experimentarías en la carne si realizaras tu meta y cierra tus oídos, y ciega tus ojos a todo lo que niegue la realidad de tu asunción.

Si haces esto serías capaz de decirme antes de que yo deje esta ciudad de Los Ángeles que has realizado lo que era sólo un deseo cuando viniste aquí. Será mi alegría regocijarme contigo en el conocimiento de que la niña que estaba aparentemente muerta ahora está viva. Esta doncella realmente no estaba muerta, estaba sólo dormida. Tú la alimentaste en este silencio porque tienes una comida que nadie más conoce. Le diste alimento y se convirtió en una realidad viva resucitada dentro de tu mundo. Entonces puedes compartir tu alegría conmigo y yo puedo regocijarme en tu alegría.

El propósito de estas lecciones es recordarte la ley de tu propio ser, la ley de la conciencia; tú eres esa ley. Sólo que eras inconsciente de su funcionamiento. Tú alimentaste y mantuviste vivas las cosas que no deseabas expresar dentro de este mundo.

Acepta mi reto y pon esta filosofía a prueba. Si no funciona no deberías utilizarla como un consuelo. Si no es verdad, debes desecharla completamente. Yo sé que es verdadera. Tú no lo sabrás hasta que intentes probarla o refutarla.

Demasiados de nosotros se han unido a "ismos" y tenemos miedo de ponerlos a prueba, porque sentimos que podríamos fracasar; y entonces, ¿dónde estamos? No queriendo saber realmente la verdad respecto a ello, dudamos en ser lo suficientemente atrevidos para ponerlo a prueba. Dices: "Yo sé que funcionaría de alguna otra manera. No quiero realmente comprobarlo. Mientras aún no lo haya refutado, todavía puedo ser consolado por ello."

Ahora bien, no te engañes a ti mismo, no pienses por un segundo que eres sabio.

Comprueba o refuta esta ley. Yo sé que si intentas refutarla, la comprobarás, y seré el más rico por tú comprobarla, no en dólares, no en cosas, sino porque te convertirás en el fruto viviente de lo que creo que estoy enseñando en este mundo. Es mucho mejor tenerte como una persona exitosa, satisfecha después de cinco días de enseñanza, que tenerte saliendo insatisfecho. Espero que seas lo suficientemente valiente para desafiar esta enseñanza y comprobarla o refutarla.

Ahora, antes de que entremos en el período de silencio explicaré brevemente la técnica de nuevo. Tenemos dos técnicas al aplicar esta ley. Todo el mundo aquí debe saber ya exactamente lo que quiere. Tú debes saber que si no lo obtienes esta noche todavía estarás tan deseoso mañana respecto a este objetivo.

Cuando sepas exactamente lo que quieres, construye en el ojo de tu mente un acontecimiento simple, sencillo, que implique el cumplimiento de tu deseo, un acontecimiento en el que predomines tú mismo. En lugar de sentarte y mirarte a tí mismo como si estuvieras en la pantalla, se el actor en el drama.

Restringe el evento a una sola acción. Si vas a estrechar una mano porque eso implica el cumplimiento de tu deseo, entonces haz eso y sólo eso. No estreches manos y luego vagues en tu imaginación a una cena o algún otro lugar. Restringe tu acción a simplemente estrechar manos y hazlo una y otra vez, hasta que ese apretón de manos tome la solidez y la nitidez de la realidad.

Si sientes que no puedes permanecer fiel a una acción, quiero que ahora definas tu objetivo, y luego condenses la idea, que es tu deseo, en una sola frase, una frase que implique el cumplimiento de tu deseo, alguna frase como, "¿No es maravilloso?"

O si me sentí agradecido porque pensé que alguien fue decisivo en llevar a que mi deseo pasara, yo podría decir, "Gracias", y repetirlo con sentimiento una y otra vez, como una canción de cuna hasta que mi mente sea dominada por la sola sensación de gratitud.

Ahora nos sentaremos tranquilamente en estas sillas con la idea que implique el cumplimiento de nuestro deseo condensada en una sola frase, o en un solo acto. Nos relajaremos e inmovilizaremos nuestros cuerpos físicos. Luego experimentaremos en la imaginación la sensación que nuestra frase o acción condensada afirma.

Si te imaginas a tí mismo estrechando la mano de otra persona, no uses tu mano física, déjala inmovilizada. Sino imagina que alojada dentro de tu mano hay una mano real más sutil, que puede ser extraída de tu imaginación. Pon tu mano imaginaria en la mano imaginaria de tu amigo que está ante tí y siente el apretón. Mantén tu cuerpo físico inmovilizado incluso aunque tú te vuelvas mentalmente activo en lo que estás ahora a punto de hacer.

Ahora entremos en el silencio.

GUÍA PRÁCTICA

1. Identificación de Deseos y Metas
  - Ejercicio: Tómate un tiempo para reflexionar sobre lo que realmente deseas en diferentes áreas de tu vida (personal, profesional, espiritual). Escribe tus deseos de forma clara y específica.
  - Consejo: Sé sincero contigo mismo; tus deseos deben resonar con tus verdaderas aspiraciones.

2. Comprensión de las Perspectivas
  - Ejercicio: Reflexiona sobre las dos perspectivas mencionadas en la lectura: la mente carnal y la mente de Cristo. Pregúntate en cuál de las dos te encuentras más frecuentemente.
  - Consejo: Considera cómo tus creencias y prejuicios podrían estar limitando tu capacidad para ver la realidad desde un punto de vista más amplio.

3. Visualización de Tu Ideal
  - Ejercicio: Encuentra un lugar tranquilo, cierra los ojos y relájate. Imagina que ya has alcanzado tu deseo. Visualiza en detalle cómo se siente estar en esa situación, qué ves, qué oyes y qué sientes.
  - Consejo: Mantén esta visualización durante al menos 10-15 minutos, sintiendo intensamente la emoción de haber alcanzado tu deseo.

4. Creación de un Evento Imaginario
  - Ejercicio: Crea un evento específico que simbolice la realización de tu deseo. Por ejemplo, si deseas un nuevo empleo, imagina un día típico en ese nuevo trabajo.

- Consejo: Asegúrate de que este evento involucre tus sentidos y emociones, haciéndolo lo más realista posible.

5. Uso de Frases Clave

- Ejercicio: Condensa tu deseo en una frase que implique su cumplimiento, como "Ya estoy en mi nuevo trabajo" o "Estoy rodeado de amor". Repite esta frase con sentimiento y convicción.
- Consejo: Puedes usar esta frase como una afirmación durante el día para mantener tu mente enfocada en tu deseo.

6. Cierre de Puertas a la Duda

- Ejercicio: Practica cerrar las "puertas" a las influencias externas y negativas. Esto significa evitar hablar de tus deseos con aquellos que no apoyan tus aspiraciones.
- Consejo: Protege tu mente de pensamientos limitantes y mantente firme en tu asunción, negando cualquier evidencia que contradiga tus deseos.

7. Alimentación de Tu Asunción

- Ejercicio: Mantén una atención continua en tu asunción. Esto significa pensar y sentir como si ya fueras la persona que deseas ser. Hazlo a diario.
- Consejo: Revisa tus pensamientos a lo largo del día y redirige cualquier pensamiento negativo hacia afirmaciones positivas relacionadas con tu deseo.

8. Reflexión y Registro

- Ejercicio: Al final de cada semana, escribe en un diario cualquier cambio o progreso que hayas notado. Reflexiona sobre las experiencias que te han acercado a tu deseo.
- Consejo: Estar consciente de tu progreso te ayudará a mantenerte motivado y enfocado en tus metas.

-

REFLEXIONES FINALES

La clave para manifestar tus deseos y pensar cuatridimensionalmente es mantener una mentalidad positiva y disciplinada. Recuerda que tu conciencia es la ley creadora en tu vida. Actúa como si ya hubieras alcanzado tu deseo y alimenta esa creencia con tus pensamientos y emociones. A través de la práctica constante y la auto-reflexión, podrás experimentar una transformación real en tu vida. ¡Confía en el proceso y mantente fiel a tu asunción!

NADIE QUE CAMBIAR SINO UNO MISMO

(Neville Goddard 1948)

¿Puedo tomar un minuto para aclarar lo que se dijo anoche? Una señora sentía por lo que dije anoche que yo soy anti una nación. Espero que yo no sea anti ninguna nación, raza o creencia. Si acaso he usado una nación fue sólo para ilustrar un punto.

Lo que intenté deciros fue esto – nos convertimos en lo que contemplamos. Pues esta es la naturaleza del amor, como es la naturaleza del odio, cambiarnos a semejanza de lo que contemplamos. Anoche simplemente leí unos nuevos puntos para mostraros que cuando creemos que podemos destruir nuestra imagen rompiendo el espejo, sólo nos estamos engañando a nosotros mismos.

Cuando, a través de la guerra o la revolución, destruímos los títulos que para nosotros representan la arrogancia y la codicia, nos convertimos con el tiempo en la encarnación de lo que pensábamos que habíamos destruído. Así hoy la gente que pensaba que destruían a los tiranos son ellos mismos lo que pensaban que habían destruido.

Eso no puede ser mal interpretado, permitidme volver a sentar las bases de este principio. La conciencia es la sola y única realidad. Somos incapaces de ver lo que no sean los contenidos de nuestra propia conciencia.

Por lo tanto, el odio nos traiciona a la hora de la victoria y nos condena a ser lo que nosotros condenamos. Toda conquista resulta ser un intercambio de características, por lo que los conquistadores se convierten en semejantes al enemigo conquistado. Odiamos a otros por el mal que está en nosotros mismos. Razas, naciones y grupos religiosos han vivido durante siglos en íntima hostilidad, y esa es la naturaleza del odio, como es la naturaleza del amor, cambiarnos a semejanza de lo que contemplamos.

Las naciones actúan hacia otras naciones como sus propios ciudadanos actúan unos hacia otros. Cuando la esclavitud existía en un estado y esa nación atacaba a otra, era con la intención de esclavizar. Cuando hay una fiera competencia económica entre ciudadano y ciudadano, entonces en la guerra con otra nación el objeto de la guerra es destruir el comercio del enemigo. Las guerras de dominación son llevadas a cabo por la voluntad de aquellos que dentro de un estado son dominantes sobre las fortunas del resto.

Nosotros irradiamos el mundo que nos rodea por la intensidad de nuestra imaginación y sentimiento. Pero en este mundo tridimensional nuestro el tiempo late lentamente. Y así no siempre observamos la relación entre el mundo visible y nuestra naturaleza interior.

Ahora eso es realmente lo que quería decir. Pensaba que lo había dicho. Eso no puede ser mal entendido, ese es mi principio. Tú y yo podemos contemplar un ideal, y convertirnos en él por enamorarnos de él.

Por otra parte podemos contemplar algo que sinceramente nos disgusta y por condenarlo nos convertiremos en ello. Pero debido a la lentitud del tiempo en este mundo tridimensional, cuando nos convertimos en lo que contemplamos nos hemos olvidado de que antes nos propusimos adorarlo o destruirlo.

La lección de esta noche es la piedra angular de la Biblia, así que prestadme atención. La pregunta más importante hecha en la Biblia se encontrará en el capítulo 16 del Evangelio de San Mateo.

Como sabéis, todas las historias de la Biblia son vuestras historias; sus personajes viven sólo en la mente del hombre. No hacen referencia alguna a ninguna persona que viviera en el tiempo y el espacio, o a ningún evento que ocurriera una vez en la tierra.

El drama relatado en Mateo tiene lugar de esta manera, Jesús se vuelve a sus discípulos y les pregunta: "¿Quién dicen los hombres que Yo, el Hijo del Hombre, soy?" Mat. 16:13

"Y ellos dijeron: Unos dicen que eres Juan el Bautista: algunos, Elías; y otros, Jeremías o uno de los profetas."

"Él les dijo: ¿Pero quién decís vosotros que yo soy?"

"Y respondiendo Simón Pedro, dijo: Tú eres el Cristo, el Hijo del Dios vivo."

"Y Jesús respondió y le dijo: Bienaventurado eres, Simón hijo de Jonás: no por la carne ni la sangre se te reveló, sino mi Padre que está en el cielo."

"Y yo también te digo que tú eres Pedro y sobre esta roca edificaré mi iglesia." Mat. 16:14-18

Jesús volviéndose a sus discípulos es el hombre dirigiéndose a su mente disciplinada en la autocontemplación. Hazte tú mismo la pregunta, "¿Quién dicen los hombres que yo soy?" En nuestro lenguaje, "Me pregunto ¿qué piensan de mí los hombres?"

Tu respuesta, "Unos dicen que Juan venido de nuevo, algunos dicen que Elías, otros dicen que Jeremías, y otros un profeta de la antigüedad venido otra vez."

Es muy halagador que te digan que eres, o te pareces, a los grandes hombres del pasado, pero la razón iluminada no está esclavizada por la opinión pública. Está sólo preocupada por la verdad así que se hace otra pregunta, "¿Pero quién decís vosotros que yo soy?" En otras palabras, "¿Quién soy yo?"

Si soy lo suficientemente valiente para asumir que yo soy Cristo Jesús, la respuesta vendrá de nuevo, "Tú eres Cristo Jesús."

Cuando yo puedo asumirlo y sentirlo y vivirlo valientemente, me diré a mí mismo, "La carne y la sangre no podían haberme dicho esto. Pero mi Padre que está en el Cielo me lo reveló." Entonces yo hago de este concepto de Ser la roca sobre la que establezco mi iglesia, mi mundo.

"Si no creéis que yo soy Él, moriréis en vuestros pecados." Juan 8:24

Porque la conciencia es la única realidad, debo asumir que yo soy ya lo que deseo ser. Si no creo que yo soy ya lo que quiero ser, entonces me quedo como soy y muero en esa limitación.

El hombre está siempre buscando algún sostén en el que apoyarse. Él siempre está buscando alguna excusa para justificar el fracaso. Esta revelación no le da al hombre excusa para el fracaso. Su concepto de sí mismo es la causa de todas las circunstancias de su vida. Todos los cambios deben venir primero de su interior; y si no cambia en el exterior es porque no ha cambiado interiormente. Pero al hombre no le gusta sentir que él es el único responsable de las condiciones de su vida.

"Desde ese momento muchos de sus discípulos volvieron atrás, y no andaron más con él."

"Entonces dijo Jesús a los doce, ¿Queréis vosotros también iros?"

"Entonces Simón Pedro le respondió: Señor, ¿a quién iremos? Tú tienes las palabras de vida eterna." Juan 6:66-68

Puede que no me guste lo que acabo de escuchar, que debo volver a mi propia conciencia como la única realidad, la única base sobre la que todos los fenómenos pueden ser explicados. Era más fácil vivir cuando yo podía culpar a otro. Era mucho más fácil vivir cuando podía culpar a la sociedad de mis males, o señalar con el dedo a través del mar y culpar a otra nación. Era más fácil vivir cuando podía culpar al clima por la forma en que me siento.

Pero decirme que yo soy la causa de todo lo que me pasa, que estoy siempre moldeando mi mundo en armonía con mi naturaleza interna, eso es más de lo que el hombre está dispuesto a aceptar. Si esto es cierto, ¿a quién iría? Si estas son las palabras de vida eterna, debo volver a ellas, incluso aunque parezcan tan difíciles de digerir.

Cuando el hombre comprende esto completamente sabe que la opinión pública no importa, pues los hombres sólo le dicen quién es él. El comportamiento de los hombres constantemente me dice quién he concebido yo mismo que soy.

Si acepto este reto y comienzo a vivir por él, finalmente llego al punto que es llamado la gran oración de la Biblia. Se relata en el capítulo 17 del Evangelio de S. Juan: "He acabado la obra que me diste para que hiciese." Juan 17:4

"Y ahora, oh Padre, glorifícame tú contigo mismo, con aquella gloria que tuve contigo antes de que el mundo fuese." Juan 17:5

"Cuando estaba con ellos en el mundo, yo los guardaba en tu nombre: los que me diste, yo los guardé, y ninguno de ellos se perdió, sino el hijo de perdición." Juan 17:12

Es imposible que nada se pierda. En esta economía divina nada se puede perder, ni siquiera puede pasar. La pequeña flor que ha florecido una vez, florece para siempre. Es invisible para tí aquí con tu enfoque limitado, pero florece para siempre en la dimensión más grande de tu ser, y mañana la encontrarás.

Todos los que me diste yo los he guardado en tu nombre, y no he perdido a ninguno salvo al hijo de perdición. El hijo de perdición significa simplemente la creencia en la pérdida. Hijo es un concepto, una idea. Perdición es la pérdida. Sólo he perdido verdaderamente el concepto de pérdida, pues nada se puede perder.

Puedo descender desde la esfera en que la cosa misma vive ahora, y cuando desciendo en conciencia a un nivel inferior dentro de mí pasa de mi mundo. Yo digo, "He perdido mi salud. He perdido mi fortuna. He perdido mi nivel en la comunidad. He perdido la fe. He perdido mil cosas." Pero las cosas en sí mismas, habiendo sido reales una vez en mi mundo, nunca pueden dejar de ser. Ellas nunca se vuelven irreales con el paso del tiempo.

Yo, por descender en conciencia a un nivel inferior, provoco que estas cosas desaparezcan de mi vista y digo: "Se han ido; se han acabado en lo que a mi mundo se refiere." Todo lo que necesito hacer es ascender al nivel donde son eternas, y una vez más se objetivan y aparecen como realidades dentro de mi mundo.

El quid de todo el capítulo 17 del Evangelio de S. Juan se encuentra en el versículo 19, "Y por ellos yo me santifico a mí mismo, para que también ellos puedan ser santificados a través de la verdad."

Hasta ahora pensaba que podía cambiar a los demás a través del esfuerzo. Ahora sé que no puedo cambiar a otro a menos que primero cambie yo mismo. Para cambiar a otro dentro de mi mundo, primero debo cambiar mi concepto de ese otro; y para hacerlo mejor cambio mi concepto de mí mismo. Porque era el concepto que yo tenía de mí mismo el que me hacía ver a los otros como lo hacía.

Si yo hubiera tenido un concepto noble, digno de mí mismo, yo nunca podría haber visto lo desagradable en los demás.

En lugar de tratar de cambiar a los demás a través de la pelea y la fuerza, que ascienda yo en conciencia a un nivel superior y automáticamente cambiaré a los demás cambiándome a mí mismo. No hay nadie a quien cambiar sino a uno mismo; ese uno mismo es simplemente tu conciencia; tu conciencia y el mundo en el que vive están determinados por el concepto que tienes de tí mismo. Es a la conciencia a la que debemos volvernos como la única realidad. Porque no hay un concepto claro del origen de los fenómenos, excepto que la conciencia es todo y todo es conciencia.

No necesitas ayuda para lograr lo que buscas. Ni por un segundo creas que yo estoy defendiendo escapar de la realidad cuando te pido que simplemente asumas que eres ahora el hombre o la mujer que deseas ser.

Si tú y yo pudiéramos sentir lo que sería si fuéramos ahora lo que queremos ser, y vivir en esta atmósfera mental como si fuera real, entonces, de una manera que no conocemos, nuestra asunción se materializaría en hecho. Esto es todo lo que necesitamos hacer para ascender al nivel donde nuestra asunción es ya una realidad objetiva concreta.

No necesito cambiar a nadie, me santifico a mí mismo y al hacerlo santifico a los demás. Para el puro todas las cosas son puras. "No hay nada inmundo en sí mismo: sino para el que todo lo juzga inmundo, para él es inmundo." Rom. 14:14. No hay nada impuro en sí mismo, sino que tú, por tu concepto de tí mismo, ves las cosas limpias o sucias.

"Yo y mi Padre somos uno." Juan 10:30

"Si no hago las obras de mi Padre, no me creáis."

"Pero si lo hago, aunque no me creáis a mí, creed en las obras: para que podáis saber, y creer, que el Padre está en mí, y yo en él." Juan 10:37, 38

Él se hace uno con Dios y pensándolo no es extraño o robo hacer las obras de Dios. Tú siempre das fruto en armonía con lo que eres. Es lo más natural del mundo para un peral dar peras, para un manzano dar manzanas, y para el hombre moldear las circunstancias de su vida en armonía con su naturaleza interna.

"Yo soy la vid, vosotros sois las ramas." Juan 15:5. Una rama no tiene vida a menos que esté arraigada en la vid. Todo lo que necesito hacer para cambiar el fruto es cambiar la vid.

Tú no tienes vida en mi mundo salvo que yo sea consciente de tí. Tú estás arraigado en mí y, como el fruto, das testimonio de la vid que yo soy. No hay otra realidad en el mundo que tu conciencia. A pesar de que ahora puede parecer que eres lo que no quieres ser, todo lo que necesitas hacer para cambiarlo, y para demostrar el cambio por las circunstancias en tu mundo, es asumir tranquilamente que eres lo que ahora quieres ser, y de una manera que no conoces llegarás a serlo.

No hay otra manera de cambiar este mundo. "Yo soy el camino." Mi YO SOYdad, mi conciencia, es el camino por el cual cambio mi mundo. Cuando cambio mi concepto de mí mismo, cambio mi mundo. Cuando los hombres y mujeres nos ayudan o entorpecen, ellos sólo juegan el papel que nosotros, por nuestro concepto de nosotros mismos, escribimos para ellos, y ellos lo desempeñan automáticamente. Ellos deben jugar los papeles que están jugando porque nosotros somos lo que somos.

Cambiarás el mundo sólo cuando te conviertas en la encarnación de lo que tú quieres que el mundo sea. No tienes más que un regalo en este mundo que sea verdaderamente tuyo para dar y eres tú mismo. A menos que tú mismo seas lo que deseas que el mundo sea, nunca lo verás en este mundo. "Excepto si creéis que yo soy él, moriréis en vuestros pecados." Juan 8:24

¿Sabes que no hay dos en esta habitación que vivan en el mismo mundo? Vamos a casa esta noche a mundos diferentes. Cerramos nuestras puertas en mundos completamente diferentes. Nos levantamos mañana y vamos a trabajar, donde nos encontramos con otros y conocemos a otros, pero vivimos en diferentes mundos mentales, diferentes mundos físicos.

Sólo puedo dar lo que yo soy, no tengo otro regalo para dar. Si quiero que el mundo sea perfecto, y quién no, he fallado sólo porque no sabía que no podía verlo nunca perfecto hasta que yo mismo llegue a ser perfecto. Si yo no soy perfecto no puedo ver la perfección, pero el día que yo llegue a serlo, embelleceré mi mundo porque lo veo a través de mis propios ojos. "Para los puros todas las cosas son puras." Tito 1:15

No hay dos aquí que me puedan decir que han escuchado el mismo mensaje una noche. Lo único que debes hacer es escuchar lo que digo a través de lo que eres. Debe ser filtrado a través de tus prejuicios, tus supersticiones y tu concepto de tí mismo. Lo que quiera que seas, debe venir a través de eso, y ser coloreado por lo que tú eres.

Si estás molesto y te gustaría que yo fuera algo distinto de lo que parezco ser, entonces tú debes ser lo que quieres que yo sea. Debemos convertirnos en lo que queremos que los demás sean o nunca los veremos ser eso.

Tu conciencia, mi conciencia, es el único fundamento verdadero en el mundo. Esto es lo que es llamado Pedro en la Biblia, no un hombre, esta fidelidad que no puede volverse a nadie, que no puede ser halagada cuando se te dijo por los hombres que eres Juan venido de nuevo. Eso es muy halagador, que se te diga que eres Juan el Bautista venido de nuevo, o el gran profeta Elías o Jeremías.

Entonces cierro mis oídos a este muy halagador poco de noticias que los hombres me podrían dar y me pregunto, "¿Pero honestamente quién soy yo?"

Si puedo negar las limitaciones de mi nacimiento, mi entorno, y la creencia de que no soy más que una extensión de mi árbol genealógico, y sentir dentro de mí que yo soy Cristo, y sostener esta asunción hasta que tome un lugar central y forme el centro habitual de mi energía, haré las obras atribuidas a Jesús. Sin pensamiento o esfuerzo moldearé un mundo en armonía con esa perfección que he asumido y siento surgir dentro de mí.

Cuando abro los ojos del ciego, destapo los oídos del sordo, doy alegría por luto y belleza por cenizas, entonces y sólo entonces, he establecido verdaderamente esta vid profundamente dentro. Eso es lo que automáticamente haría si yo fuera realmente consciente de ser Cristo. Se dijo de esta presencia que Él demostró que era Cristo por sus obras.

Nuestras ordinarias alteraciones de conciencia, cuando pasamos de un estado a otro, no son transformaciones, porque cada una de ellas es tan rápidamente reemplazada por otra en la dirección contraria; pero cada vez que nuestra asunción se hace tan estable como para expulsar definitivamente a sus rivales, entonces ese concepto habitual central define nuestro carácter y es una verdadera transformación.

Jesús, o la razón iluminada, no vio nada impuro en la mujer sorprendida en adulterio. Él le dijo: "¿Ninguno te ha condenado?" Juan 8:10

"Ella dijo: Ninguno, Señor. Y Jesús le dijo, tampoco yo te condeno; vete, y no peques más." Juan 8:11

No importa lo que sea llevado ante la presencia de la belleza, sólo ve belleza. Jesús estaba tan completamente identificado con lo hermoso que era incapaz de ver lo desagradable.

Cuando tú y yo realmente nos hacemos conscientes de ser Cristo, también nosotros enderezaremos los brazos de los atrofiados y resucitaremos las esperanzas muertas de los hombres. Haremos todas las cosas que no podíamos hacer cuando nos sentimos limitados por nuestro árbol genealógico. Es un paso audaz y no debe tomarse a la ligera, porque hacerlo es morir. Juan, el hombre de tres dimensiones es decapitado, o pierde su enfoque tridimensional, que Jesús, el Yo cuatridimensional, puede vivir.

Cualquier ampliación de nuestro concepto de Ser implica una ruptura un tanto dolorosa con las concepciones hereditarias fuertemente enraizadas. Las ataduras que nos mantienen en el seno de las limitaciones convencionales son fuertes. Todo lo que anteriormente creías ya no lo crees. Tú sabes ahora que no hay poder fuera de tu propia conciencia. Por lo tanto no puedes volverte a nadie fuera de tí mismo.

No tienes oídos para la sugerencia de que algo más tiene poder en ello. Tú sabes que la única realidad es Dios, y Dios es tu propia conciencia. No hay otro Dios. Por lo tanto sobre esta piedra tú construyes la iglesia eterna y audazmente asumes que eres este Ser Divino, auto-engendrado ya que te atreviste a apropiarte de lo que no te fue dado en tu cuna, un concepto de Ser no formado en el vientre de tu madre, un concepto de ser concebido fuera de las atribuciones del hombre.

La historia nos es contada bellamente en la Biblia utilizando a los dos hijos de Abraham: uno el bendecido, Isaac, nacido fuera de las atribuciones del hombre y el otro, Ismael, nacido en cautividad.

Sara era demasiado vieja para engendrar un hijo, por lo que su esposo Abraham entró en Agar la sierva, la peregrina, y ella concibió del anciano y le dio un hijo llamado Ismael. La mano de Ismael estaba contra todo hombre y la mano de todo hombre contra él.

Todo niño nacido de mujer nace en cautividad, nacido en todo lo que su entorno representa, con independencia de si es el trono de Inglaterra, la Casa Blanca o cualquier otro gran lugar en el mundo. Todo niño nacido de mujer es personificado como este Ismael, el hijo de Agar.

Pero dormido en todos los niños está el bendecido Isaac, que ha nacido fuera de las capacidades del hombre y, ha nacido a través de la fe, solo. Este segundo hijo no tiene padre terrenal. Es auto-engendrado.

¿Qué es el segundo nacimiento? Me encuentro hombre, no puedo volver al vientre de mi madre, y sin embargo debo nacer una segunda vez. "Excepto que un hombre nazca de nuevo no puede entrar en el reino de Dios." Juan 3:3

Yo tranquilamente me apropio de eso que ningún hombre me puede dar, que ninguna mujer me puede dar. Me atrevo a asumir que yo soy Dios. Esto debe ser de fe, esto debe ser de promesa. Entonces me convierto en el bendecido, me convierto en Isaac.

Cuando empiezo a hacer las cosas que sólo esta presencia podría hacer, sé que he nacido fuera de las limitaciones de Ismael, y me he convertido en heredero del reino. Ismael no pudo heredar nada, aunque su padre era Abraham, o Dios. Ismael no tenía a ambos padres del piadoso; su madre era Agar la sierva, y así no podía participar del patrimonio de su padre.

Tú eres Abraham y Sara, y contenido dentro de tu propia conciencia hay uno esperando reconocimiento. En el Antiguo Testamento es llamado Isaac, y en el Nuevo Testamento es llamado Jesús, y ha nacido sin la ayuda del hombre.

Ningún hombre puede decirte que tú eres Cristo Jesús, ningún hombre puede decirte y convencerte de que tú eres Dios. Tú debes jugar con la idea y preguntarte cómo sería ser Dios.

Ningún claro concepto del origen de los fenómenos es posible salvo que la conciencia es todo y todo es conciencia. Nada puede evolucionar del hombre que no estuviera implicado potencialmente en su naturaleza. El ideal que servimos y esperamos alcanzar nunca podría evolucionar de nosotros si no estuviera potencialmente implicado en nuestra naturaleza.

Permitidme ahora volver a contar y enfatizar una experiencia mía impresa por mí hace dos años bajo el título LA BÚSQUEDA. Creo que os ayudará a entender esta ley de la conciencia, y os mostrará que no tenéis que cambiar a nadie sino a vosotros mismos, pues sois incapaces de ver más que los contenidos de vuestra propia conciencia.

Una vez en un intervalo ocioso en el mar, yo meditaba sobre "el estado perfecto", y me pregunté qué sería si yo fuera de ojos demasiado puros para contemplar la iniquidad, si para mí todo fuera puro y yo no condenara. Mientras me perdía en esta exaltada rumiación, me encontré levantado por encima del ambiente oscuro de los sentidos. Tan intensa fue la sensación que me sentí un ser de fuego habitando en un cuerpo de aire. Voces, como de un coro celestial, con la exaltación de los que habían sido vencedores en un conflicto con la muerte, estaban cantando: "Él ha ascendido, ha ascendido", e intuitivamente sabía qué me querían decir.

Entonces me parecía estar caminando en la noche. Pronto me encontré con una escena que podría haber sido el antiguo estanque de Bethesda, pues en este lugar había una gran multitud de gente inválida – ciegos, paralíticos, atrofiados – esperaban no el movimiento del agua como en la tradición, sino que me esperaban a mí.

A medida que me acercaba, sin pensamiento o esfuerzo por mi parte, fueron uno tras otro como moldeados por el Mago de lo Bello. Ojos, manos, pies – todos los miembros que faltaban – eran sacados de algún reservorio invisible y moldeados en armonía con esa perfección que sentía surgiendo dentro de mí. Cuando todos fueron perfeccionados el coro se regocijó, "Se ha cumplido."

Sé que esta visión fue el resultado de mi intensa meditación sobre la idea de perfección, pues mis meditaciones invariablemente lograban una unión con el estado contemplado. Yo había estado tan completamente absorto dentro de la idea de que por un tiempo me había convertido en lo que contemplaba, y el elevado propósito con el que me había identificado por ese momento señaló la compañía de cosas elevadas y formó la visión en armonía con mi naturaleza interior.

El ideal con el que estamos unidos funciona por asociación de ideas para despertar un millar de estados de ánimo para crear un drama de acuerdo con la idea central.

Mis experiencias místicas me han convencido de que no hay otra manera de lograr la perfección que buscamos que por la transformación de nosotros mismos. Tan pronto como consigamos transformarnos a nosotros mismos, el mundo se fundirá mágicamente ante nuestros ojos y se reconfigurará en armonía con lo que nuestra transformación afirme.

Nosotros damos forma al mundo que nos rodea por la intensidad de nuestra imaginación y nuestro sentimiento, e iluminamos u oscurecemos nuestras vidas por los conceptos que mantenemos de nosotros mismos. Nada es más importante para nosotros que nuestro concepto de nosotros mismos, y especialmente es cierto de nuestro concepto del profundo, dimensionalmente más grande, Uno dentro de nosotros.

Aquellos que nos ayudan o dificultan, lo sepan o no, son los sirvientes de esa ley que configura las circunstancias externas en armonía con nuestra naturaleza interna. Es nuestro concepto de nosotros mismos el que nos libera o nos constriñe, aunque puede utilizar agentes materiales para lograr su propósito.

Como la vida moldea el mundo externo para reflejar la disposición interna de nuestras mentes, no hay otra forma de lograr la perfección externa que buscamos que por la transformación de nosotros mismos. Ninguna ayuda viene de fuera: las colinas a las que elevamos nuestros ojos son las de rango interior.

Es por tanto a nuestra propia conciencia a la que debemos volvernos como la única realidad, la única base sobre la que todos los fenómenos pueden ser explicados. Podemos confiar absolutamente en la justicia de esta ley que nos da sólo lo que es de nuestra propia naturaleza.

Intentar cambiar el mundo antes de cambiar nuestro concepto de nosotros mismos es luchar contra la naturaleza de las cosas. No puede haber ningún cambio externo hasta que haya primero un cambio interno.

Como es dentro, así es afuera.

No estoy abogando por la indiferencia filosófica cuando sugiero que deberíamos imaginarnos a nosotros mismos ya como lo que queremos ser, viviendo en una atmósfera mental de grandeza, en lugar de utilizar medios físicos y argumentos para lograr los cambios deseados.

Todo lo que hacemos, no acompañado por un cambio de conciencia, no es sino inútil reajuste de superficies. Por más que nos afanemos o luchemos, no podemos recibir más que nuestros conceptos de auto-afirmación. Protestar contra todo lo que nos sucede es protestar contra la ley de nuestro ser y nuestra soberanía sobre nuestro propio destino.

Las circunstancias de mi vida están demasiado estrechamente relacionadas con mi concepto de mí mismo como para no haber sido formadas por mi propio espíritu de algún almacén dimensionalmente más grande de mi ser. Si hay dolor para mí en estos acontecimientos, debería buscar dentro de mí la causa, pues yo soy movido aquí y allá y hecho para vivir en un mundo en armonía con mi concepto de mí mismo.

Si llegáramos a ser tan emocionalmente despiertos sobre nuestras ideas como sobre nuestros disgustos, ascenderíamos al plano de nuestro ideal tan fácilmente como ahora descendemos al nivel de nuestros odios.

El amor y el odio tienen un poder mágico de transformación, y nos hacemos a través de su ejercicio a semejanza de lo que contemplamos. Por la intensidad de odio creamos en nosotros mismos el carácter que imaginamos en nuestros enemigos. Las cualidades mueren por falta de atención, así los estados desagradables podrían ser mejor borrados imaginando "belleza por cenizas y alegría por luto" en lugar que por ataques directos sobre el estado del que queremos liberarnos.

"Cualquier cosa que sea amable y de buena relación, piensa en esas cosas", pues nos convertimos en aquello con lo que estamos en relación.

No hay nada que cambiar sino nuestro concepto de nosotros mismos. Tan pronto como consigamos transformarnos a nosotros mismos, nuestro mundo se disolverá y se reconfigurará en armonía con lo que nuestro cambio afirma.

Yo, por descender de conciencia, he dado lugar a la imperfección que veo. En la economía divina nada se pierde. No podemos perder nada salvo descendiendo de conciencia desde la esfera donde la cosa tiene su vida natural.

"Y ahora, oh Padre, glorifícame tú contigo mismo con aquella gloria que tuve contigo antes de que el mundo fuese." Juan 17:5

Cuando asciendo de conciencia el poder y la gloria que eran míos vuelven a mí y yo también diré, "he acabado el trabajo que me diste para que hiciese." El trabajo es volver de mi descenso de conciencia, desde el nivel en donde yo creía que era un hijo del hombre, a la esfera donde sé que soy uno con mi Padre y mi Padre es Dios.

Sé, más allá de toda duda, que no hay nada que el hombre tenga que hacer sino cambiar su propio concepto de sí mismo para asumir la grandeza y sostener esta asunción. Si caminamos como si fuéramos ya el ideal al que servimos, nos elevaremos al nivel de nuestra asunción, y encontraremos un mundo en armonía con nuestra asunción. No tenemos que mover un dedo para que así sea, pues ya es así. Siempre fue así.

Tú y yo hemos descendido de conciencia al nivel donde ahora nos encontramos y vemos imperfección porque ¡nosotros hemos descendido! Cuando comenzamos a ascender mientras estamos aquí en este mundo tridimensional, descubrimos que nos movemos en un entorno completamente diferente, tenemos círculos de amigos completamente diferentes y un mundo completamente diferente mientras aún vivimos aquí. Conocemos el gran misterio de la afirmación, "estoy en el mundo, pero no soy de él."

En lugar de cambiar las cosas yo os sugeriría a todos identificaros con el ideal que contempláis. ¿Cuál sería la sensación si tuvieras ojos demasiado puros para contemplar la iniquidad, si para tí todas las cosas fueran puras y no condenaras? Contempla el estado ideal e identifícate con él y ascenderás a la esfera donde tú como Cristo tienes tu vida natural.

Estás todavía en ese estado donde estabas antes de que el mundo fuera. Lo único que ha caído es tu concepto de tí mismo. Ve que las partes rotas realmente no están rotas. Estás viéndolas a través de ojos distorsionados, como si estuvieras en una de esas peculiares galerías de atracciones donde un hombre camina ante un espejo y es alargado, sin embargo es el mismo hombre. O se mira en otro espejo y es todo grande y gordo. Estas cosas se ven hoy porque el hombre es lo que es.

Juega con la idea de la perfección. No le pidas a nadie que te ayude, sino que la oración del capítulo 17 del Evangelio de S. Juan sea tu oración. Aprópiate del estado que era tuyo antes de que el mundo fuese.

Conoce la verdad de la afirmación: "Ninguno he perdido salvo al hijo de perdición." Nada se pierde en toda mi montaña sagrada. Lo único que pierdes es la creencia en la pérdida o al hijo de perdición.

"Y por ellos me santifico, para que también ellos sean santificados a través de la verdad." Juan 17:19

No hay nadie a quien cambiar sino a uno mismo. Todo lo que necesitas hacer para que los hombres y mujeres se hagan santos en este mundo es hacerte tú mismo santo. Tú eres incapaz de ver nada que sea desagradable cuando estableces dentro del ojo de tu propia mente el hecho de que tú eres agradable.

Es mucho mejor saber esto que saber cualquier otra cosa en el mundo. Requiere valor, valor ilimitado, porque muchos esta noche, después de haber oído esta verdad, todavía estarán inclinados a culpar a otros de su situación. Al hombre le resulta tan difícil volverse a sí mismo, a su propia conciencia como la única realidad. Escucha estas palabras:

"Ningún hombre puede venir a mí, si el Padre que me envió no le trajere." Juan 6:44

"Yo y mi Padre somos uno." Juan 10:30

"Un hombre no puede recibir nada, excepto que le fuere dado del cielo." Juan 3:27

"Por eso me ama el Padre, porque doy mi vida, para volverla a tomar."

"Nadie me la quita, sino que yo mismo la entrego." Juan 10:17,18

"No me elegisteis a mí, yo os he elegido." Mi concepto de mí mismo moldea un mundo en armonía consigo mismo y lleva a los hombres a decirme constantemente por su comportamiento quién soy yo.

Lo más importante en este mundo para tí es tu concepto de tí mismo. Cuando no te gusta tu entorno, las circunstancias de la vida y el comportamiento de los hombres, pregúntate, "¿Quién soy yo?" Tu respuesta a esta pregunta es la causa de tus disgustos.

Si no te condenas a tí mismo no habrá nadie en tu mundo para condenarte. Si estás viviendo en la conciencia de tu ideal no verás nada que condenar. "Para el puro todas las cosas son puras."

Ahora me gustaría dedicar un poco de tiempo a aclarar en lo que pueda lo que yo personalmente hago cuando oro, lo que hago cuando quiero lograr cambios en mi mundo. Lo encontrarás interesante y descubrirás que funciona. Nadie aquí puede decirme que ellos no pueden hacerlo. Es verdaderamente tan simple que todos lo pueden hacer. Somos lo que imaginamos que somos.

Esta técnica no es difícil de seguir, pero debes querer hacerla. No puedes abordarla con la actitud mental de "Oh, bueno, lo intentaré." Debes querer hacerlo, porque el resorte principal de la acción es el deseo.

El deseo es el resorte principal de toda acción. Ahora ¿qué quiero? Tengo que definir mi objetivo. Por ejemplo, supongamos que yo quisiera ahora estar en otra parte. En este mismo momento yo realmente deseo estar en otra parte. No hace falta cruzar la puerta, no necesito sentarme. No necesito hacer nada sino estar justo donde estoy y con los ojos cerrados asumir que en realidad estoy donde deseo estar. Entonces permanezco en ese estado hasta que tenga la sensación de realidad. Si yo ahora estuviera en otro lugar no podría ver el mundo como lo veo ahora desde aquí. El mundo cambia en su relación conmigo cuando yo cambio mi posición en el espacio.

Así que estoy aquí mismo, cierro los ojos e imagino que estoy viendo lo que vería si yo estuviera allí. Sigo en ello el tiempo suficiente para sentir que es real. No puedo tocar las paredes de esta habitación desde aquí, pero cuando cierras los ojos y te quedas quieto puedes imaginar y sentir que las tocas. Tú puedes estar donde estás e imaginarte que estás poniendo tu mano en esa pared. Para probar que realmente lo estás, ponla ahí y deslízala hacia arriba y siente la madera. Puedes imaginar que estás haciéndolo sin dejar tu asiento. Puedes hacerlo y realmente lo sentirás si te quedas suficientemente quieto y es suficientemente intenso.

Yo estoy donde estoy y permito al mundo que quiero ver y penetrar físicamente venir ante mí como si yo estuviera ahí ahora. En otras palabras, traigo ese otro lugar aquí asumiendo que estoy ahí.

¿Está claro? Lo dejo venir, no lo hago venir. Simplemente me imagino que estoy allí y entonces dejo que suceda.

Si quiero una presencia física, me imagino que está aquí, y le toco. A todo lo largo de la Biblia encuentro estas sugestiones, "Él colocó sus manos sobre ellos. Él les tocó."

Si quieres aliviar a alguien, ¿cuál es el sentimiento automático? Poner la mano sobre él, no puedes evitarlo. Te encuentras con un amigo y la mano se va automáticamente, le das la mano o le pones la mano sobre el hombro.

Supongamos que ahora te encontraras a un amigo que no has visto durante un año y es un amigo que aprecias mucho. ¿Qué harías? Lo abrazarías, ¿no? O pondrías tu mano sobre él.

En tu imaginación tráele lo suficientemente cerca para poner tu mano sobre él y sentir que es sólidamente real. Restringe la acción sólo a eso. Te sorprenderá lo que sucede. A partir de entonces las cosas empiezan a moverse. Tu ser dimensionalmente más grande inspirará, en todos, las ideas y acciones necesarias para ponerte en contacto físico. Funciona de esa manera.

Todos los días me pongo en el estado de somnolencia; es una cosa muy fácil de hacer. Pero el hábito es una cosa extraña en el mundo del hombre. No es una ley, pero el hábito actúa como si fuera la ley más irresistible del mundo. Somos criaturas de hábito.

Si creas un intervalo cada día en el que te pones en el estado de somnolencia, por ejemplo a las 3 de la tarde, sabes que en ese momento todos los días te sentirás somnoliento. Inténtalo durante una semana y ve si no estoy en lo cierto.

Te sientas con el fin de crear un estado próximo al sueño, como si estuvieras adormecido, pero no lleves la somnolencia demasiado lejos, sólo lo suficiente para relajarte y dejarte el control de la dirección de tus pensamientos. Inténtalo durante una semana, y cada día a esa hora, no importa lo que estés haciendo, difícilmente serás capaz de mantener los ojos abiertos. Si sabes la hora en que estarás libre puedes crearlo. Yo no te sugeriría que lo hagas a la ligera, ya que te sentirás muy, muy somnoliento y puedes no querer.

Tengo otra manera de orar. En este caso siempre me siento y me pongo en el sillón más cómodo imaginable, o me acuesto de espaldas y me relajo completamente. Ponte cómodo. No debes estar en cualquier posición en que el cuerpo esté incómodo. Ponte siempre en una posición donde tengas la mayor comodidad. Esta es la primera etapa.

Saber lo que quieres es el inicio de la oración. En segundo lugar construye en el ojo de tu mente un solo evento pequeño que implique que has realizado tu deseo. Siempre dejo a mi mente vagar sobre muchas cosas que podrían seguir a la oración contestada y aíslo una que es la que más probablemente siga al cumplimiento de mi deseo. Una pequeña cosa simple, algo así como estrechar una mano, abrazar a una persona, la recepción de una carta, la escritura de un cheque, o lo que sea que pueda implicar el cumplimiento de tu deseo.

Después de haber decidido sobre la acción que implica que tu deseo se ha realizado, siéntate en tu silla cómoda o acuéstate boca arriba, cierra los ojos, por la sencilla razón de que ayuda a inducir ese estado que bordea el sueño.

En el momento que sientas ese agradable estado somnoliento, o el sentimiento de unidad recogida, donde sientes: me podría mover si quisiera, pero no quiero, podría abrir los ojos si quisiera, pero no quiero. Cuando tengas esa sensación puedes estar bastante seguro de que estás en el perfecto estado para orar con éxito.

En esta sensación es fácil tocar cualquier cosa en este mundo. Toma la simple pequeña acción restringida que implique el cumplimiento de tu oración y siéntela o represéntala. Sea lo que sea, entra en la acción como si fueras un actor en el papel. No te sientes detrás y te visualices haciéndolo. Házlo.

Con el cuerpo inmovilizado imagina que el tú más grande dentro de tu cuerpo físico está saliendo de él y que tú estás realmente realizando la acción propuesta. Si vas a caminar, imagina que estás caminando. No te veas caminar, SIENTE que estás caminando.

Si vas a subir escaleras, SIENTE que estás subiendo las escaleras. No te visualices a tí mismo haciéndolo, siéntete haciéndolo. Si vas a estrechar la mano de un hombre, no te visualices estrechándole la mano, imagina a tu amigo de pie delante tuyo y dale la mano. Pero deja tus manos físicas inmovilizadas e imagina que tu mano más grande, que es tu mano imaginaria, está en realidad estrechándole la mano.

Todo lo que necesitas hacer es imaginar que lo estás haciendo. Tú estás estirado en el tiempo, y lo que estás haciendo, que parece ser un sueño diurno controlado, es un acto efectivo en la dimensión más grande de tu ser. Estás efectivamente encontrando un evento cuatridimensionalmente antes de que lo encuentres aquí en las tres dimensiones del espacio, y tú no tienes que levantar un dedo para hacer que ese estado se de.

Mi tercera manera de orar es simplemente sentirte agradecido. Si quiero algo, ya sea para mí o para otro, inmovilizo el cuerpo físico, entonces produzco el estado próximo al sueño y en ese estado sólo me siento feliz, me siento agradecido; agradecimiento que implica la realización de lo que quiero. Asumo la sensación del deseo cumplido y con la mente dominada por esa única sensación me voy a dormir. No tengo que hacer nada para que así sea, porque es así. Mi sensación del deseo cumplido implica que está hecho.

Todas estas técnicas puedes utilizarlas y modificarlas para adaptarlas a tu temperamento. Pero debo hacer hincapié en la necesidad de inducir el estado de somnolencia en que puedas llegar a estar atento sin esfuerzo.

Una sensación única domina la mente si oras con éxito.

¿Qué sentiría, ahora, si yo fuera lo que quiero ser? Cuando yo sé cómo sería la sensación entonces cierro los ojos y me pierdo en esa sensación única, y mi Yo dimensionalmente más grande entonces construye un puente de incidencia que me lleva de este momento presente al logro de mi estado de ánimo. Eso es todo lo que necesitas hacer. Pero la gente tiene la costumbre de menospreciar la importancia de las cosas simples.

Somos criaturas de hábito y estamos lentamente aprendiendo a renunciar a nuestros conceptos previos, pero las cosas por las que antes vivíamos todavía de alguna manera influyen nuestro comportamiento. He aquí una historia de la Biblia que ilustra mi punto.

Está recogido que Jesús dijo a sus discípulos que fueran al cruce y allí encontrarían un potro, un potro joven aún no montado por un hombre. Traerle el potro y si alguien pregunta, "¿Por qué tomas este potro?" decirle: "El Señor lo necesita."

Fueron al cruce y hallaron el potro e hicieron exactamente como se les dijo. Ellos trajeron el burro desbridado a Jesús y Él lo montó triunfalmente en Jerusalén.

La historia no tiene nada que ver con un hombre montado en un pequeño pollino. Tú eres el Jesús de la historia. El potro es el estado de ánimo que vas a asumir. Ese es el animal vivo no montado aún por tí. ¿Cuál sería la sensación si realizaras tu deseo? Una nueva sensación, como un joven potro, es una cosa muy difícil de montar a menos que lo montes con una mente disciplinada. Si no me mantengo fiel al estado de ánimo el joven potro me tirará. Cada vez que te vuelves consciente de que no eres fiel a este estado de ánimo, has sido tirado del potro.

Disciplina tu mente para que puedas permanecer fiel a un alto estado de ánimo y móntalo triunfalmente en Jerusalén, que es el cumplimiento, o la ciudad de la paz.

Esta historia precede la fiesta de la Pascua (Paso). Si queremos pasar de nuestro estado presente al de nuestro ideal, debemos asumir que somos ya lo que queremos ser y seguir fieles a nuestra asunción, pues debemos mantener un alto estado de ánimo si queremos caminar con lo más alto.

Una actitud mental fija, una sensación de que eso está hecho, lo hará así. Si camino como si lo fuera, pero de vez en cuando miro a ver si realmente es así, entonces me caigo de mi estado de ánimo o del burro.

Si yo suspendiera el juicio como Pedro, podría caminar sobre el agua. Pedro empieza a caminar sobre el agua, y entonces comienza a mirar a su propio entendimiento y empieza a hundirse. La voz dijo: "Mira arriba, Pedro." Pedro mira arriba y se levanta otra vez y sigue caminando sobre el agua.

En lugar de mirar hacia abajo para ver si esto realmente va a materializarse en hecho, simplemente sabe que ya es así, sostén ese estado de ánimo y montarás el potro desbridado en la ciudad de Jerusalén. Todos nosotros debemos aprender a montar el animal directo a Jerusalén sin ayuda de ningún hombre. No necesitas a otro para ayudarte.

Lo extraño es que cuando mantenemos el ánimo alto y no caemos, otros amortiguan los golpes. Extienden las hojas de palma delante de mí para amortiguar mi viaje. No tengo que preocuparme. Los choques serán suavizados mientras me mueva al cumplimiento de mi deseo. Mi elevado estado de ánimo despierta en los demás las ideas y acciones que tienden hacia la encarnación de mi estado de ánimo. Si caminas fiel a un elevado estado de ánimo, no habrá oposición y tampoco competencia.

La prueba de un maestro o una enseñanza es estar basada en la fidelidad de lo enseñado. Me voy de aquí el domingo por la noche. Mantente fiel a esta instrucción. Si buscas causas fuera de la conciencia del hombre, entonces no te he convencido de la realidad de la conciencia.

Si buscas excusas para el fracaso siempre las encontrarás, pues encuentras lo que buscas. Si buscas una excusa para el fracaso, la encontrarás en las estrellas, en los números, en la taza de té o en cualquier otro lugar más. La excusa no estará ahí, pero tú la encontrarás para justificar tu fracaso.

Los hombres y las mujeres de negocios y profesionales exitosos saben que esta ley funciona. No lo descubrirás en grupos de chismes, pero lo descubrirás en corazones valientes.

El eterno viaje del hombre es por un propósito: revelar al Padre. Él viene a hacer visible a su Padre. Y su Padre se hace visible en todas las cosas bellas de este mundo. Todas las cosas que son amables, que son de buena relación, monta en estas cosas, y no tengas tiempo para lo desagradable en este mundo, independientemente de lo que sea.

Permaneced fieles al conocimiento de que vuestra conciencia, vuestra YO SOYdad, vuestra conciencia de ser conscientes de la única realidad, es la roca sobre la que todos los fenómenos pueden ser explicados. No hay explicación fuera de eso. No sé de ninguna concepción clara del origen de los fenómenos salvo que la conciencia es todo y todo es conciencia.

Lo que buscas está ya alojado dentro de tí. Si no estuviera ahora dentro de tí la eternidad no podría desarrollarlo. Ningún estiramiento del tiempo sería lo suficientemente largo para evolucionar lo que no está potencialmente incluído en tí.

Tú simplemente déjalo ser asumiendo que ya es visible en tu mundo, y permanece fiel a tu asunción. Se materializará en hecho. Tu Padre tiene innumerables modos de revelar tu asunción. Fija esto en tu mente y recuerda siempre, "Una asunción, aunque falsa, si es mantenida se materializará en hecho".

Tú y tu Padre sois uno y tu Padre es todo lo que fue, es y será. Por lo tanto lo que buscas ya lo eres, no puede nunca estar tanto lejos como tampoco cerca, pues la cercanía implica separación.

El gran Pascal dijo, "Tú nunca me habrías buscado si no me hubieras ya encontrado." Lo que ahora deseas ya lo tienes y lo buscas sólo porque ya lo has encontrado. Tú lo encuentras en forma de deseo. Es igual de real en forma de deseo como lo va a ser para tus órganos corporales.

Eres ya eso que buscas y no tienes que cambiar a nadie sino a tí mismo a fin de expresarlo.

GUÍA PRÁCTICA

1. Reflexiona sobre tu Concepto de Ti Mismo
- Ejercicio: Dedica tiempo a escribir un resumen de tu percepción actual sobre ti mismo. ¿Qué creencias limitantes tienes? ¿Qué aspectos de ti mismo te gustaría cambiar?
- Consejo: Sé honesto y específico. Identificar estos aspectos te ayudará a enfocarte en lo que deseas transformar.

2. Identifica tus Deseos
- Ejercicio: Haz una lista de tus deseos y aspiraciones. Sé claro sobre lo que realmente quieres alcanzar o ser en tu vida.
- Consejo: Prioriza tus deseos. Escoge uno o dos que sientas más urgente o significativo.

3. Asunción de Identidad
- Ejercicio: Elige un deseo y asume la identidad de la persona que ya ha logrado ese deseo. Pregúntate: "¿Quién soy yo ahora que he logrado esto?"
- Consejo: Visualiza en detalle cómo sería tu vida desde esa nueva identidad. Incluye emociones, acciones y cómo interactúas con los demás.

4. Visualización y Sentimiento
- Ejercicio: Cierra los ojos y visualiza tu deseo cumplido. Siente las emociones que tendrías en ese estado. Mantén la visualización durante al menos 10 minutos, buscando hacerla tan real como sea posible.
- Consejo: Usa afirmaciones que refuercen esta nueva identidad, como "Soy capaz y estoy en el camino hacia mi sueño".

5. Practica la Gratitud

- Ejercicio: Dedica unos minutos cada día para sentir gratitud por lo que ya tienes y por lo que has visualizado. Imagina que ya tienes lo que deseas y agradece por ello.

- Consejo: Esto puede hacerse justo antes de dormir o al despertar, cuando la mente está más receptiva.

6. Cierra la Puerta a lo Negativo

- Ejercicio: Identifica pensamientos o creencias negativas que surgen en tu mente y desafíalos. Cada vez que notes un pensamiento negativo, reemplázalo inmediatamente con una afirmación positiva.

- Consejo: Lleva un diario donde registres estos pensamientos y las afirmaciones que los contrarrestan.

7. Acción Inspirada

- Ejercicio: Permítete tomar acciones que se alineen con tu nueva identidad. Estas pueden ser pequeñas, pero asegúrate de que sean coherentes con la persona que deseas ser.

- Consejo: Presta atención a las oportunidades que surgen y actúa cuando sientas una inspiración genuina.

8. Monitorea tu Progreso

- Ejercicio: Establece un tiempo semanal para reflexionar sobre tu progreso. ¿Has notado cambios en tus pensamientos, emociones y acciones? ¿Has comenzado a sentirte más alineado con tu nueva identidad?

- Consejo: Escribe tus reflexiones y cualquier señal de progreso, por pequeña que sea.

9. Visualiza el Futuro

- Ejercicio: Imagina cómo te sentirías en el futuro si continúas en este camino. Visualiza a largo plazo y cómo se ve tu vida con tu nuevo concepto de ti mismo.

- Consejo: Siente la emoción de esa visualización y utilízala como motivación.

10. Mantén la Fe en el Proceso

- Ejercicio: Cada vez que enfrentes dudas, vuelve a tu afirmación de que el cambio es posible y que eres capaz de transformar tu vida. La perseverancia es clave.

- Consejo: Practica la paciencia contigo mismo. Cambiar tu percepción y realidad puede tomar tiempo, pero cada pequeño paso cuenta.

-

REFLEXIONES FINALES

El cambio verdadero comienza en el interior. La clave es asumir la responsabilidad de tu vida y reconocer que tu concepto de ti mismo es la base de todas tus experiencias. Al practicar estos ejercicios y mantenerte enfocado en tu nueva identidad, empezarás a ver cómo tu realidad externa se alinea con tus deseos internos. Recuerda que no hay nadie a quien cambiar sino a ti mismo, y al hacerlo, el mundo a tu alrededor comenzará a transformarse.

LECCIÓN 5
PERMANECE FIEL A TU IDEA
(Neville Goddard 1948)

Esta noche tenemos la lección quinta y última de este curso. En primer lugar daré una especie de resumen de lo que ha ido antes. Luego, ya que muchos de vosotros me habéis pedido que explique más detalladamente la lección 3, os daré algunas ideas más sobre pensar cuatridimensionalmente.

Sé que cuando un hombre ve una cosa claramente puede contarla, puede explicarla. Este invierno pasado en Barbados un pescador, cuyo vocabulario no abarcaba más de mil palabras, me dijo más en cinco minutos sobre el comportamiento del delfín de lo que Shakespeare con su vasto vocabulario podría haberme dicho, si hubiera sabido las costumbres del delfín.

Este pescador me contó cómo al delfín le encanta jugar con un pedazo de madera a la deriva, y con el fin de atraparlo, tiras la madera y lo cebas como cebarías a niños, porque le gusta fingir que está saliendo del agua. Como ya he dicho, el vocabulario de este hombre era muy limitado, pero él conocía a su pez y conocía el mar. Como conocía a su delfín podía contarme todo sobre sus hábitos y cómo atraparlo.

Cuando dices que sabes una cosa, pero no puedes explicarla, yo te digo que no la sabes, pues cuando realmente la sabes naturalmente la expresas.

Si yo te pidiera ahora definir la oración, y te digo "¿Cómo harías, a través de la oración, para realizar un objetivo, cualquier objetivo?" Si puedes decírmelo, entonces tú lo sabes, pero si no me lo puedes decir, entonces no lo sabes. Cuando lo ves claramente en el ojo mental, el tú más grande inspirará las palabras necesarias para vestir la idea y expresarlo bellamente, y expresarás la idea mucho mejor que un hombre con un vasto vocabulario que no lo ve tan claramente como tú.

Si has escuchado con atención durante los últimos cuatro días, tú sabes ahora que la Biblia no se refiere en absoluto a personas que hayan existido jamás o a sucesos que hayan ocurrido alguna vez en la tierra.

Los autores de la Biblia no estaban escribiendo la historia, estaban escribiendo un gran drama mental que ellos vistieron con el ropaje de la historia, y luego lo adaptaron a la limitada capacidad de las masas acríticas e irreflexivas.

Sabes que cada historia en la Biblia es tu historia, que cuando los escritores introducen docenas de personajes en la misma historia están tratando de presentarte diferentes atributos de la mente que tú puedes emplear. Vísteis cómo yo tomé quizás una docena o más historias y las interpreté para vosotros.

Por ejemplo, muchas personas se preguntan cómo Jesús, el hombre más agraciado, el más amoroso del mundo, si era hombre, podría decir a su madre lo que se supone que le dijo, como se recoge en el segundo capítulo del Evangelio de S. Juan. Se hace decir a Jesús a su madre: "Mujer, ¿qué tengo yo que ver contigo?" Juan 2:4

Tú y yo, que aún no estamos identificados con el ideal que servimos, no haríamos una declaración así a nuestra madre. Sin embargo, aquí estaba la encarnación del amor diciéndole a su madre: "Mujer, ¿qué tengo yo que ver contigo?"

Tú eres Jesús, y tu madre es tu propia conciencia. Pues la conciencia es la causa de todo, por lo tanto es el gran padre-madre de todos los fenómenos.

Tú y yo somos criaturas de hábito. Estamos metidos en el hábito de aceptar como definitiva la evidencia de nuestros sentidos. Los invitados necesitan vino y mis sentidos me dicen que no hay vino, y yo por hábito estoy a punto de aceptar esta falta como definitiva. Cuando recuerdo que mi conciencia es la sola y única realidad, por tanto, si niego la evidencia de mis sentidos y asumo la conciencia de tener suficiente vino, en un sentido he reprendido a mi madre o a la conciencia que sugiere la falta; y asumiendo la conciencia de tener lo que deseo para mis invitados, el vino se produce de una manera que no sabemos.

Acabo de leer una nota aquí de un querido amigo mío en la audiencia. El domingo pasado tenía una cita en una iglesia para una boda; el reloj le dijo que llegaba tarde, todo le dijo que llegaba tarde.

Estaba en una esquina esperando un tranvía. No había nadie a la vista. Imaginó que, en lugar de estar en la esquina de la calle, estaba en la iglesia. En ese momento un auto se detuvo frente a él. Mi amigo le contó al conductor su situación y el conductor le dijo: "Yo no voy en esa dirección, pero le llevaré." Mi amigo entró en el coche y llegó a la iglesia a tiempo para el servicio. Esto es aplicar la ley correctamente, no aceptación de la sugestión del retraso. No aceptar nunca la sugestión de falta.

En este caso me dije a mí mismo, "¿Qué tengo yo que ver contigo?" ¿Qué tengo yo que ver con la evidencia de mis sentidos? Traedme todas las vasijas y llenadlas. En otras palabras, asumo que tengo vino y todo lo que deseo. Entonces mi Yo dimensionalmente más grande inspira en todos los pensamientos y las acciones que ayuden a la encarnación de mi asunción.

No es un hombre diciendo a una madre: "Mujer ¿qué tengo yo que ver contigo?" Es cada hombre que conoce esta ley que se dirá a sí mismo, cuando sus sentidos sugieren falta, "¿qué tengo yo que ver contigo? Apártate de mí." Nunca volveré a escuchar una voz como esa, porque si lo hago, entonces estoy fecundado por esa sugestión y voy a concebir el fruto de la falta.

Pasamos a otra historia en el Evangelio de S. Marcos, donde Jesús tiene hambre.

"Y viendo de lejos una higuera que tenía hojas, se acercó, si acaso se podría encontrar ahí algo: y cuando llegó a ella, no encontró nada sino hojas; porque no era todavía tiempo de higos."

"Y Jesús respondió y le dijo, no coma nadie fruto de ti para siempre. Y sus discípulos lo oyeron." Marcos 11:13 14

"Y por la mañana, cuando pasaban, vieron que la higuera se había secado desde las raíces." Marcos 11:20

¿Qué árbol estoy maldiciendo? No es un árbol en el exterior. Es mi propia conciencia. "Yo soy la vid." Juan 15:1. Mi conciencia, mi YO SOYdad es el gran árbol y el hábito, una vez más, sugiere vacío, sugiere esterilidad, sugiere cuatro meses antes de que yo pueda festejar. Pero no puedo esperar cuatro meses. Me doy esta poderosa sugestión de que nunca más ni por un momento transigiré con que tomará cuatro meses realizar mi deseo. La creencia en la carencia desde este día en adelante debe ser esterilizada y no volver a reproducirse nunca en mi mente.

No es un hombre maldiciendo a un árbol. Todo en la Biblia tiene lugar en la mente del hombre: el árbol, la ciudad, la gente, todo. No hay una declaración hecha en la Biblia que no represente algún atributo de la mente humana. Todos son personificaciones de la mente y no cosas en el mundo.

La conciencia es la sola y única realidad. No hay nadie a quien podamos recurrir después de descubrir que nuestra propia conciencia es Dios. Pues Dios es la causa de todo y no hay nada sino Dios. No puedes decir que un diablo causa algunas cosas y Dios otras. Escucha estas palabras.

"Así dice el Señor a su ungido, a Ciro, cuya mano derecha yo he sostenido, para sujetar naciones ante él; y desataré los lomos de los reyes, para abrir ante él las puertas de dos hojas, y las puertas no se cerrarán."

"Yo iré delante de ti, y haré rectos los lugares torcidos, romperé en pedazos las puertas de bronce, y cortaré los barrotes de hierro."

"Y te daré los tesoros de las tinieblas, y las riquezas de los lugares secretos, para que sepas que yo, el Señor, que te llamo por tu nombre, soy el Dios de Israel." Isaías 45:1, 2, 3

"Yo formo la luz y creo las tinieblas, yo hago la paz y creo el mal. Yo el Señor hago todo esto." Isaías 45:7

"Yo hice la tierra, y creé al hombre sobre ella; Yo, mis manos, extendieron los cielos, y a toda su hueste mandé."

"Yo lo desperté en justicia, y enderezaré todos sus caminos; él edificará mi ciudad, y él soltará a mis cautivos, no por precio ni por dones, dice el Señor de los ejércitos." Isaías 45:12, 13

"YO SOY el Señor, y no hay ninguno más, no hay Dios fuera de mí." Isaías 45:5

Leed estas palabras cuidadosamente. No son mis palabras, son las palabras inspiradas de hombres que descubrieron que la conciencia es la única realidad. Si soy herido, soy auto herido. Si hay oscuridad en mi mundo, yo creé la oscuridad y la tristeza y la depresión. Si hay luz y alegría, yo creé la luz y la alegría. No hay nadie, sino esta YO SOYdad que lo hace todo.

No puedes encontrar una causa fuera de tu propia conciencia. Tu mundo es un gran espejo constantemente diciéndote quién eres. Cuando te encuentras con gente, te dicen por su comportamiento quién eres.

Tus oraciones no serán menos devotas porque recurras a tu propia conciencia por ayuda. No creo que ninguna persona en oración sienta más alegría, piedad y sentimiento de adoración que yo, cuando me siento agradecido, mientras asumo la sensación de mi deseo cumplido, sabiendo al mismo tiempo que es a mí mismo a quien recurrí.

En la oración eres llamado a creer que posees lo que tu razón y tus sentidos niegan. Cuando oras cree que tienes y recibirás. La Biblia lo enuncia de este modo:

"Por tanto os digo que todo lo que deseéis, cuando oréis, creed que lo recibiréis, y lo tendréis."

"Y cuando estéis orando, perdonad, si tenéis algo contra alguno, para que también vuestro Padre que está en los cielos pueda perdonaros vuestras ofensas."

"Pero si vosotros no perdonáis, tampoco vuestro Padre que está en los cielos perdonará vuestras ofensas." Marcos 11:24, 25, 26

Eso es lo que debemos hacer cuando oramos. Si tengo algo contra otro, ya sea una creencia de enfermedad, pobreza o cualquier otra cosa, debo soltarlo y dejarlo ir, no usando palabras de negación sino creyendo que es lo que él desea ser. De ese modo lo perdono completamente. He cambiado mi concepto de él. Yo tenía algo contra él y le perdoné. El completo olvido es el perdón. Si no olvido entonces no he perdonado.

Yo sólo perdono algo cuando verdaderamente olvido. Yo puedo decirte hasta el final de los tiempos, "te perdono". Pero si cada vez que te veo o pienso en ti, me acuerdo de lo que mantenía contra tí, no te he perdonado en absoluto. El perdón es el completo olvido. Tú vas a un doctor y él te da algo para tu enfermedad. Él está tratando de quitártela, de modo que te da algo en su lugar.

Date un nuevo concepto de tí mismo por el viejo concepto. Abandona el viejo concepto completamente.

Una oración concedida implica que algo se hace a consecuencia de la oración que de otro modo no se habría hecho. Por lo tanto, yo mismo soy la fuente de la acción, la mente dirigente y el que concede la oración.

Cualquiera que reza éxitosamente se vuelve hacia adentro y se apropia el estado buscado. No tienes sacrificio que ofrecer. No dejes que nadie te diga que tienes que luchar y sufrir. No es necesario luchar por la realización de tu deseo. Lee lo que dice en la Biblia.

"¿Para qué propósito es la multitud de vuestros sacrificios a mí? dice el Señor: Estoy harto del holocausto de carneros y de sebo de animales gruesos, y no me deleito en la sangre de bueyes, o de ovejas o de machos cabríos."

"Cuando venís a presentaros delante de mí, ¿quién ha requerido eso de vuestras manos, para hollar mis atrios?"

"No me traigáis más vanas oblaciones; el incienso es una abominación para mí; las lunas nuevas y los sábados, el convocar asambleas, no puedo soportar la iniquidad y la solemne asamblea."

"Vuestras lunas nuevas y vuestras fiestas solemnes mi alma las odia: se han convertido en una carga para mí, estoy cansado de soportarlas." Isaías 1:11-14

"Vosotros tendréis una canción, como en la noche cuando se celebra una santa solemnidad; y alegría de corazón, como el que va con flauta para venir al monte del Señor, al Poderoso de Israel." Isaías 30:29

"Cantad al Señor un cántico nuevo, y su alabanza desde los confines de la tierra." Isaías 42:10

"Canta, oh cielos, porque el Señor lo ha hecho; gritad, las partes bajas de la tierra, prorrumpid en gritos de júbilo, montañas, oh bosques, y todo árbol que en él está; porque el Señor redimió a Jacob, y será glorificado en Israel." Isaías 44:23

"Por tanto, los redimidos del Señor volverán, y vendrán a Sión cantando; y gozo perpetuo será sobre sus cabezas. Tendrán gozo y alegría, y la tristeza y el gemido huirán." Isaías 51:11

El único regalo aceptable es un corazón alegre. Ven con canto y alabanza. Ese es el modo de venir ante el Señor: tu propia conciencia. Asume la sensación de tu deseo cumplido y has traído el único regalo aceptable. Todos los estados mentales que no sean el del deseo cumplido son una abominación; son superstición y no significan nada.

Cuando vienes ante mí, regocíjate, porque el regocijo implica que algo que deseabas ha sucedido. Ven ante mí cantando, dando alabanza y dando gracias, pues esos estados mentales implican la aceptación del estado buscado. Ponte en el estado de ánimo apropiado y tu propia conciencia lo encarnará.

Si yo pudiera definir la oración para cualquier persona y ponerlo tan claramente como pudiera, simplemente diría, "Es la sensación del deseo cumplido". Si tú preguntas, "¿Qué quieres decir con eso?" Yo diría, "me sentiría en la situación de la oración contestada y luego viviría y actuaría en esa convicción." Trataría de mantenerlo sin esfuerzo, es decir, viviría y actuaría como si fuera ya un hecho, sabiendo que mientras camino en esta actitud fija mi asunción se materializará en hecho.

El tiempo no me permite ir más allá en el argumento de que la Biblia no es historia, pero si has escuchado atentamente mi mensaje de estas últimas cuatro noches, no creo que necesites más pruebas de que la Biblia no es historia. Aplica lo que has oído y realizarás tus deseos.

"Y ahora os lo he dicho antes de que suceda, para que cuando pase, podáis creer." Juan 14:29

Muchas personas, yo incluído, han observado eventos antes de que ocurrieran, es decir, antes de que ocurrieran en este mundo de tres dimensiones. Puesto que el hombre puede observar un evento antes de que ocurra en las tres dimensiones del espacio, entonces la vida en la tierra procede de acuerdo a un plan, y este plan debe existir en otra parte en otra dimensión y está moviéndose lentamente a través de nuestro espacio.

Si los sucesos ocurridos no estaban en este mundo cuando fueron observados, entonces es perfectamente lógico que deben haber estado fuera de este mundo. Y todo lo que está AHÍ para ser visto antes de que ocurra AQUÍ debe estar "predeterminado" desde el punto de vista del hombre despierto en un mundo tridimensional. Sin embargo, los maestros antiguos nos enseñaron que nosotros podíamos alterar el futuro, y mi propia experiencia confirma la verdad de su enseñanza.

Por lo tanto, mi objeto al dar este curso es indicar las posibilidades inherentes en el hombre, para mostrar que el hombre puede alterar su futuro; pero, así alterado, forma de nuevo una secuencia determinista empezando desde el punto de interferencia – un futuro que será coherente con la alteración.

La característica más notable del futuro del hombre es su flexibilidad. El futuro, aun preparado con antelación en cada detalle, tiene varios desenlaces. Tenemos en cada momento de nuestras vidas la elección ante nosotros de cuál de varios futuros tendremos.

Hay dos perspectivas efectivas sobre el mundo poseídas por todos – un enfoque natural y un enfoque espiritual. Los maestros antiguos llamaban a una "la mente carnal" y a la otra "la mente de Cristo". Podemos diferenciarlas como la conciencia despierta ordinaria, gobernada por nuestros sentidos, y una imaginación controlada, gobernada por el deseo.

Reconocemos estos dos centros distintos de pensamiento en la declaración: "El hombre natural no percibe las cosas del Espíritu de Dios, pues ellas son locura para él; ni las puede conocer, porque son discernidas espiritualmente." I Cor. 2:14

El punto de vista natural limita la realidad al momento llamado AHORA. Para la visión natural, el pasado y el futuro son puramente imaginarios. El punto de vista espiritual por otro lado ve los contenidos del tiempo. El pasado y el futuro son un todo presente para la visión espiritual. Lo que es mental y subjetivo para el hombre natural es concreto y objetivo para el hombre espiritual.

El hábito de ver sólo lo que nuestros sentidos nos permiten nos vuelve totalmente ciegos a lo que, de otro modo, podríamos ver. Para cultivar la facultad de ver lo invisible, deberíamos a menudo desenredar deliberadamente nuestras mentes de la evidencia de los sentidos y enfocar nuestra atención en un estado invisible, sintiéndolo y percibiéndolo mentalmente hasta que tenga toda la nitidez de la realidad.

El pensamiento serio concentrado focalizado en una dirección particular deja fuera otras sensaciones y las hace desaparecer. Sólo tenemos que concentrarnos en el estado deseado para verlo.

El hábito de retirar la atención de la región de la sensación y concentrarla en lo invisible desarrolla nuestra perspectiva espiritual y nos permite penetrar más allá del mundo de los sentidos y ver lo que es invisible. "Pues las cosas invisibles de él desde la creación del mundo se ven claramente." Rom. 1:20. Esta visión es totalmente independiente de las facultades naturales. ¡Ábrela y acelérala!

Un poco de práctica nos convencerá de que podemos, controlando nuestra imaginación, remodelar nuestro futuro en armonía con nuestro deseo. El deseo es el resorte principal de la acción. No podríamos mover un solo dedo a menos que tengamos un deseo de moverlo. No importa lo que hagamos, seguimos el deseo que en el momento domina nuestras mentes. Cuando rompemos un hábito, nuestro deseo para romperlo es mayor que nuestro deseo de continuar con el hábito.

Los deseos que nos impulsan a la acción son aquellos que mantienen nuestra atención. Un deseo no es sino una conciencia de algo que nos falta y necesitamos para hacer nuestra vida más agradable. Los deseos siempre tienen algún beneficio personal a la vista, cuanto mayor es el beneficio anticipado, más intenso es el deseo. No hay deseo absolutamente altruista. Donde no hay nada que ganar no hay deseo, y consecuentemente tampoco acción.

El hombre espiritual habla al hombre natural a través del lenguaje del deseo. La clave para progresar en la vida y para el cumplimiento de los sueños se encuentra en la presta obediencia a su voz. La obediencia sin vacilación a su voz es una inmediata asunción del deseo cumplido. Desear un estado es tenerlo. Como Pascal ha dicho, "No me habrías buscado si no me hubieras ya encontrado."

El hombre, al asumir la sensación de su deseo cumplido, y luego vivir y actuar en esta convicción, altera el futuro en armonía con su asunción. Las asunciones despiertan lo que afirman. Tan pronto como el hombre asume la sensación de su deseo cumplido, su Yo cuatridimensional encuentra modos para el logro de tal fin, descubre métodos para su realización.

No conozco ninguna definición más clara de los medios por los que realizamos nuestros deseos que EXPERIMENTAR EN LA IMAGINACIÓN LO QUE EXPERIMENTARÍAMOS EN LA CARNE SI HUBIÉRAMOS LOGRADO NUESTRA META. Esta experiencia imaginaria del fin con aceptación, precipita los medios. El Yo cuatridimensional entonces construye, con su perspectiva más grande, los medios necesarios para realizar el fin aceptado.

La mente indisciplinada encuentra difícil asumir un estado que es negado por los sentidos. Pero hay una técnica que hace fácil "llamar a las cosas que no se ven como si lo fueran", es decir, encontrar un evento antes de que ocurra. La gente tiene la costumbre de menospreciar la importancia de las cosas simples. Pero esta sencilla fórmula para cambiar el futuro fue descubierta después de años de búsqueda y experimentación.

El primer paso para cambiar el futuro es el DESEO, esto es, definir tu objetivo – saber definidamente lo que quieres.

En segundo lugar, construir un evento que tú creas que encontrarías SIGUIENDO al cumplimiento de tu deseo – un evento que implique cumplimiento de tu deseo – algo que tendrá la acción del Yo predominante.

En tercer lugar, inmovilizar el cuerpo físico e inducir un estado próximo al sueño imaginando que estás soñoliento. Acuéstate en una cama, o relájate en una silla. Entonces, con los párpados cerrados y tu atención enfocada en la acción que intentas experimentar en la imaginación, mentalmente siéntete justo en la acción propuesta; imaginando todo el tiempo que estás efectivamente realizando la acción aquí y ahora.

Tú debes siempre participar en la acción imaginaria, no meramente estar detrás y mirar, sino sentir que estás efectivamente realizando la acción de modo que la sensación imaginaria es real para ti.

Es importante recordar siempre que la acción propuesta debe ser una que SIGA al cumplimiento de tu deseo. También debes sentirte en la acción hasta que tenga toda la viveza y claridad de la realidad.

Por ejemplo, supongamos que deseas ascenso en tu oficina. Ser felicitado sería un evento que podrías encontrar siguiendo al cumplimiento de tu deseo. Habiendo seleccionado esta acción como la que experimentarás en la imaginación, inmoviliza el cuerpo físico, e induce un estado próximo al sueño, un estado de somnolencia, pero en el que todavía eres capaz de controlar la dirección de tus pensamientos, un estado en el que estés atento sin esfuerzo. Entonces visualiza a un amigo delante de ti. Pon tu mano imaginaria en la suya. Siéntela sólida y real, y lleva a cabo una conversación imaginaria con él en armonía con la acción.

Tú no te visualizas a una distancia en un punto del espacio y a una distancia en cuanto al tiempo siendo felicitado por tu buena suerte. En lugar de eso, tú haces ese otro lugar AQUÍ, y el futuro AHORA. El evento futuro es una realidad AHORA en un mundo dimensionalmente más grande y por extraño que parezca, ahora en un mundo dimensionalmente más grande es equivalente a AQUÍ en el espacio ordinario tridimensional de la vida cotidiana.

La diferencia entre SENTIRTE tú mismo en la acción, aquí y ahora, y visualizarte a tí mismo en la acción, como si estuvieras en una pantalla de imágenes en movimiento, es la diferencia entre el éxito y el fracaso. La diferencia se apreciará si ahora te visualizaras subiendo una escalera. Entonces, con los párpados cerrados imagina una escalera justo en frente de tí y SIÉNTETE efectivamente subiéndola.

El deseo, la inmovilidad física limítrofe con el sueño, y la acción imaginaria en la que predomina auto sentidamente AQUÍ Y AHORA, no sólo son factores importantes para alterar el futuro, sino que son también condiciones esenciales para proyectar conscientemente el Yo espiritual.

Cuando el cuerpo físico es inmovilizado y nos volvemos poseídos por la idea de hacer algo – si imaginamos que estamos haciéndolo AQUÍ y AHORA y mantenemos la acción imaginaria sentidamente hasta que justo sobreviene el sueño – probablemente despertemos del cuerpo físico para encontrarnos en un mundo dimensionalmente más grande con un enfoque dimensionalmente más grande haciendo efectivamente lo que deseamos e imaginamos que estábamos haciendo en la carne.

Pero tanto si despertamos ahí o no, estamos efectivamente realizando la acción en el mundo cuatridimensional, y en el futuro la representaremos aquí en el mundo tridimensional.

La experiencia me ha enseñado a restringir la acción imaginaria, a condensar la idea que va a ser el objeto de nuestra meditación, en un solo acto, y a representarlo una y otra vez hasta que tenga la sensación de realidad. De otro modo, la atención vagará a lo largo de un rastro asociativo y legiones de imágenes asociadas se presentarán a nuestra atención, y en pocos segundos nos llevará a cientos de kilómetros de nuestro objetivo en cuanto al espacio y a años de distancia en cuanto al tiempo.

Si decidimos subir un particular tramo de escaleras, porque ese es el evento probable que siga a la realización de nuestro deseo, entonces debemos restringir la acción a subir ese particular tramo de escaleras. En caso de que la atención vague, tráela de vuelta a su tarea de subir ese tramo de escaleras, y sigue haciéndolo así hasta que la acción imaginaria tenga toda la solidez y claridad de la realidad. La idea debe ser mantenida en el campo de presentación sin ningún esfuerzo sensible por nuestra parte. Debemos, con el mínimo esfuerzo, impregnar la mente con la sensación del deseo cumplido.

La somnolencia facilita el cambio porque favorece la atención sin esfuerzo, pero no debe ser empujada al estado de sueño, en el que ya no seremos capaces de controlar los movimientos de nuestra atención, sino un grado moderado de somnolencia en el que aún somos capaces de dirigir nuestros pensamientos.

Un modo más eficaz para encarnar un deseo es asumir la sensación del deseo cumplido y entonces, en un estado relajado y soñoliento, repetir una y otra vez como una nana, cualquier frase corta que implique el cumplimiento de tu deseo, tal como, "Gracias, gracias, gracias", hasta que la sola sensación de agradecimiento domine la mente. Decir estas palabras como si te dirigieras a un poder superior por haberlo hecho por tí.

Sin embargo, si buscamos una proyección consciente en un mundo dimensionalmente más grande, entonces debemos mantener la acción justo hasta que sobrevenga el sueño. Experimentar en la imaginación con toda la nitidez de la realidad lo que sería experimentado en la carne si hubiéramos logrado nuestro objetivo y con el tiempo lo encontraremos en la carne como lo encontramos en nuestra imaginación.

Alimenta la mente con premisas – es decir, afirmaciones que se presume son verdad, porque las asunciones, aunque falsas, si se persiste en ellas hasta que tienen la sensación de realidad, se materializarán en hecho.

Para una asunción, todos los medios que promuevan su realización son buenos. Influye el comportamiento de todos, inspirando en todos los movimientos, las acciones y las palabras que tiendan hacia su cumplimiento.

Para comprender cómo el hombre moldea su futuro en armonía con su asunción – simplemente experimentando en su imaginación lo que experimentaría en la realidad si él realizara su meta – debemos saber qué entendemos por un mundo dimensionalmente más grande, ya que es en un mundo dimensionalmente más grande en el que vamos a alterar nuestro futuro.

La observación de un evento antes de que ocurra implica que el evento está predeterminado desde el punto de vista del hombre en el mundo tridimensional. Por lo tanto para cambiar las condiciones aquí en las tres dimensiones del espacio debemos primero cambiarlas en las cuatro dimensiones del espacio.

El hombre no sabe exactamente qué se entiende por un mundo dimensionalmente más grande, y no dudaría en negar la existencia de un Yo dimensionalmente más grande. Él está bastante familiarizado con las tres dimensiones de longitud, anchura y altura, y siente que, si hubiera una cuarta dimensión, debería ser igual de obvia para él como las dimensiones de longitud, anchura y altura.

Ahora, una dimensión no es una línea. Es cualquier forma en que puede ser medida una cosa que es totalmente diferente de todas las demás formas. Es decir, para medir un sólido cuatridimensionalmente, simplemente lo medimos en cualquier dirección excepto la de su longitud, anchura y altura. Ahora, ¿hay otra forma de medir un objeto que la de su longitud, anchura y altura?

El tiempo mide mi vida sin emplear las tres dimensiones de longitud, anchura y altura. No hay tal cosa como un objeto instantáneo. Su aparición y desaparición son medibles. Perdura por una definida longitud de tiempo. Podemos medir su periodo de vida sin usar las dimensiones de longitud, anchura y altura. El tiempo es definitivamente un cuarto modo de medir un objeto.

Mientras más dimensiones tiene un objeto, más sustancial y real se vuelve. Una línea recta, que se encuentra totalmente en una dimensión, adquiere forma, masa y sustancia por la adición de dimensiones. ¿Qué nueva cualidad daría el tiempo, la cuarta dimensión, que hiciera tan vastamente superior a los sólidos, como los sólidos son a las superficies y las superficies son a las líneas? El tiempo es un medio para los cambios de experiencia, pues todos los cambios llevan tiempo.

La nueva cualidad es la mutabilidad. Observa que, si cortamos en dos un sólido, su sección transversal será una superficie; cortando en dos una superficie obtenemos una línea, y cortando en dos una línea tenemos un punto. Esto significa que un punto no es sino la sección transversal de una línea, que no es, a su vez, sino la sección transversal de una superficie, que no es, a su vez, sino la sección transversal de un sólido, que no es, a su vez, si se lleva a su conclusión lógica, sino la sección transversal de un objeto cuatridimensional.

No podemos evitar la inferencia de que todos los objetos tridimensionales no son más que secciones transversales de los cuerpos cuatridimensionales. Lo cual significa: cuando yo me encuentro contigo, me encuentro con una sección transversal del tú cuatridimensional – el Yo cuatridimensional que no es visto. Para ver el Yo cuatridimensional debo ver cada sección transversal o momento de tu vida desde el nacimiento a la muerte, y verlos todos como coexistentes.

Mi enfoque debería llevar todo el despliegue de impresiones sensoriales que tú has experimentado en la tierra, más aquellas que pudieras encontrar. Yo las debería ver, no en el orden en que fueron experimentadas por tí, sino como un todo presente. Como el CAMBIO es la característica de la cuarta dimensión, yo las debería ver en un estado de fluidez – como un todo animado viviente.

Ahora, si tenemos todo esto claramente fijado en nuestras mentes, ¿qué significa para nosotros en este mundo tridimensional? Significa que, si podemos movernos a lo largo de longitudes de tiempo, podemos ver el futuro y alterarlo si así lo deseamos.

Este mundo, que pensamos que es tan sólidamente real, es una sombra, fuera y más allá del cual podemos en cualquier momento pasar. Es una abstracción de un mundo más fundamental y dimensionalmente más grande – un mundo más fundamental abstraído de un mundo todavía más fundamental y dimensionalmente más grande – y así sucesivamente hasta el infinito. Pues el absoluto es inalcanzable por cualquier medio de análisis, no importa cuántas dimensiones añadamos al mundo.

El hombre puede probar la existencia de un mundo dimensionalmente más grande simplemente enfocando su atención en un estado invisible e imaginando que él lo ve y lo siente. Si él permanece concentrado en este estado, su entorno presente pasará, y despertará en un mundo dimensionalmente más grande donde el objeto de su contemplación será visto como una realidad objetiva concreta.

Siento intuitivamente que, si él abstrayera sus pensamientos de este mundo dimensionalmente más grande y se retirara aún más adentro de su mente, él lograría otra vez una exteriorización del tiempo. Él descubriría que, cada vez que él se retira a su mente interior y produce una exteriorización del tiempo, el espacio se hace dimensionalmente más grande. Y por tanto concluiría que tanto el tiempo como el espacio son seriales, y que el drama de la vida no es más que escalar un bloque multitudinariamente dimensional de tiempo.

Los científicos algún día explicarán POR QUÉ hay un universo serial. Pero en la práctica es más importante CÓMO usamos este universo serial para cambiar el futuro. Para cambiar el futuro, sólo necesitamos ocuparnos de dos mundos en la serie infinita; el mundo que conocemos en razón de nuestros órganos corporales, y el mundo que percibimos independientemente de nuestros órganos corporales.

He dicho que el hombre tiene, en cada momento del tiempo, la elección ante él de cuál de varios futuros tendrá. Pero surge la pregunta: "¿Cómo es esto posible cuando las experiencias del hombre, despierto en el mundo tridimensional, están predeterminadas?", como implica su observación de un evento antes de que ocurra.

Esta capacidad para cambiar el futuro se verá si comparamos las experiencias de la vida en la tierra con esta página impresa. El hombre experimenta los eventos en la tierra separada y sucesivamente del mismo modo que tú estás experimentando ahora las palabras de esta página.

Imagina que cada palabra en esta página representa una impresión sensorial única. Para tener el contexto, para entender lo que quiero decir, enfocas tu visión sobre la primera palabra en la esquina superior izquierda y luego mueves tu enfoque a través de la página de izquierda a derecha, dejándolo caer sobre las palabras separada y sucesivamente. En el momento en que tus ojos llegan a la última palabra en esta página has extraído lo que quiero decir.

Pero supongamos que al mirar la página, con todas las palabras impresas ahí igualmente presentes, tú decides reorganizarlas. Podrías, reorganizándolas, contar una historia totalmente diferente, de hecho podrías contar muchas historias diferentes.

Un sueño no es más que el pensamiento cuatridimensional incontrolado, o la reorganización tanto de las impresiones sensoriales pasadas y futuras. El hombre rara vez sueña con los acontecimientos en el orden en el que los experimenta cuando está despierto. Usualmente sueña con dos o más eventos que están separados en el tiempo fusionados en una sola impresión sensorial, o bien reorganiza tan completamente sus impresiones sensoriales separadas durmiendo que no las reconoce cuando las encuentra en su estado de vigilia.

Por ejemplo, soñé que yo entregaba un paquete en el restaurante de mi edificio de apartamentos. La dueña me dijo: "No puedes dejar eso ahí", después de lo cual el ascensorista me dio unas cuantas cartas y como yo le di las gracias por ellas él, a su vez, me dio las gracias. En este punto, el ascensorista nocturno apareció y me hizo un gesto de saludo.

Al día siguiente, cuando salí de mi casa, tomé unas cuantas cartas que habían colocado a mi puerta. En mi camino hacia abajo di al ascensorista de día una propina y le di las gracias por ocuparse de mi correo, después de lo cual me dio las gracias por la propina.

En mi vuelta a casa ese día escuché a un portero decir a un repartidor, "No puedes dejar eso ahí". Cuando estaba a punto de tomar el ascensor para subir a mi apartamento, me sentí atraído por una cara conocida en el restaurante, y cuando miré la dueña me saludó con una sonrisa. Esa noche acompañé a mis invitados a cenar al ascensor y mientras les decía adiós, el ascensorista nocturno me hizo un gesto de buenas noches.

Simplemente reorganizando algunas impresiones sensoriales separadas que yo estaba destinado a encontrar, y fusionando dos o más de ellas en impresiones sensoriales únicas, construí un sueño que difiere bastante poco de mi experiencia despierto.

Cuando hayamos aprendido a controlar los movimientos de nuestra atención en el mundo cuatridimensional, seremos capaces de crear circunstancias conscientemente en el mundo tridimensional. Aprendemos este control a través del sueño despierto, donde nuestra atención puede ser mantenida sin esfuerzo, pues atención con el mínimo esfuerzo es indispensable para cambiar el futuro. Podemos, en un sueño despierto controlado, construir conscientemente un evento que deseamos experimentar en el mundo tridimensional.

Las impresiones sensoriales que utilizamos para construir nuestro sueño despierto son realidades presentes desplazadas en el tiempo o el mundo cuatridimensional. Todo lo que hacemos al construir el sueño despierto es seleccionar del amplio despliegue de impresiones sensoriales aquellas que, debidamente organizadas, implican que hemos realizado nuestro deseo.

Con el sueño claramente definido, nos relajamos en una silla e inducimos un estado de conciencia próximo al sueño. Un estado que, aunque bordeando el sueño, nos deja el control consciente de los movimientos de nuestra atención. Entonces experimentamos en la imaginación lo que experimentaríamos en la realidad si este sueño despierto fuera un hecho objetivo.

Al aplicar esta técnica para cambiar el futuro, es importante siempre recordar que lo único que ocupa la mente durante el sueño despierto es EL SUEÑO DESPIERTO, la acción y sensación predeterminadas que implican el cumplimiento de nuestro deseo. Cómo el sueño despierto se convierte en un hecho físico no es nuestra preocupación. Nuestra aceptación del sueño despierto como una realidad física dispone los medios para su cumplimiento.

Permitidme volver a sentar las bases de la oración, que no es más que un sueño despierto controlado:

1. Define tu objetivo, sabe definidamente lo que quieres.

2. Construye un evento que tú creas que vas a encontrar SIGUIENDO al cumplimiento de tu deseo – algo que tendrá la acción del Yo predominante – un evento que implique el cumplimiento de tu deseo.

3. Inmoviliza el cuerpo físico e induce un estado de conciencia próximo al sueño. Entonces, mentalmente siéntete justo en la acción propuesta, hasta que la sensación de cumplimiento sola domine la mente; imaginando todo el tiempo que estás en efecto realizando la acción AQUI Y AHORA, experimentando en la imaginación lo que experimentarías en la carne si hubieras realizado ya tu objetivo. La experiencia me ha convencido de que éste es el modo más fácil de lograr nuestra meta.

Sin embargo, mis propios muchos fracasos me condenarían si dijera que he dominado totalmente los movimientos de mi atención. Pero puedo, con el antiguo maestro, decir:

"Pero una cosa hago, olvidando aquellas cosas que están detrás, y alcanzando lo que está delante, prosigo hacia la meta por el premio." Fil. 3:13,14

Otra vez quiero recordarte que la responsabilidad de hacer lo que has hecho real en este mundo no está sobre tus hombros. No te preocupes del CÓMO, has asumido que está hecho, la asunción tiene su propio modo de objetivarse. Toda la responsabilidad para hacerlo así es eliminada de tí.

Hay una pequeña afirmación en el libro del Éxodo que confirma esto. Millones de personas que lo han leído, o a las que se lo han mencionado a través de los siglos lo han malentendido completamente. Se dice, "No remojarás un cabrito en la leche de su madre." (Versión del Rey Jorge, "No harás hervir un cabrito en la leche de su madre." Éxodo 23:19)

Innumerables millones de personas, malinterpretando esta afirmación, hasta este mismo día en la época ilustrada de 1948, no comerán ningún producto lácteo con un plato de carne. Esto simplemente no se hace.

Ellos piensan que la Biblia es historia, y cuando dice, "no remojarás un cabrito en la leche de su madre," la leche y los productos de la leche, la mantequilla y el queso, no lo tomarán al mismo tiempo que toman cabrito o cualquier tipo de carne. De hecho, incluso tienen platos separados con los que cocinar su carne.

Pero tú estás ahora a punto de aplicarlo psicológicamente. Tú has hecho tu meditación y has asumido que eres lo que quieres ser. La conciencia es Dios, tu atención es como la corriente misma de la vida o la leche en sí que nutre y hace vivir al que mantiene tu atención. En otras palabras, lo que mantiene tu atención tiene tu vida.

A lo largo de los siglos un cabrito ha sido utilizado como símbolo de sacrificio. Tú has dado nacimiento a todo en tu mundo. Pero hay cosas que ya no deseas mantener vivas, aunque las has amadrinado y apadrinado. Tú eres un padre celoso que puede fácilmente consumir, como Cronos, a sus hijos. Es tu derecho consumir lo que anteriormente expresaste cuando tú no sabías algo mejor.

Ahora tú estás separado en conciencia de ese estado anterior. Fue tu cabrito, fue tu hijo, tú lo encarnaste y lo expresaste en tu mundo. Pero ahora que has asumido que eres lo que quieres ser, no miras atrás a tu estado anterior y te preguntas CÓMO desaparecerá de tu mundo. Pues si miras atrás y le prestas atención, estás remojando una vez más ese cabrito en la leche de su madre.

No te digas a ti mismo, "Me pregunto si realmente estoy separado de ese estado", o "Me pregunto si esto y lo otro es cierto". Dale toda tu atención a la asunción de que la cosa es así, porque toda la responsabilidad para hacerlo así es completamente eliminada de tus hombros. Tú no tienes que hacerlo así, ES así. Te apropias lo que ya es un hecho, y andas en la asunción de que lo es, y de un modo que tú no conoces, yo no conozco, ningún hombre conoce, se objetiva en tu mundo.

No te preocupes del cómo, y no mires atrás a tu anterior estado. "Ningún hombre habiendo puesto su mano al arado, y mirando atrás, es apto para el reino de Dios." Lucas 9:62

Simplemente asume que está hecho y suspende el juicio, suspende todos los argumentos de la mente consciente tridimensional. Tu deseo está fuera del alcance de la mente tridimensional.

Asume que tú eres lo que tú deseas ser; camina como si lo fueras y, mientras permanezcas fiel a tu asunción, se materializará en hecho.

GUÍA PRÁCTICA

1. Definición Clara de Tu Deseo

- Ejercicio: Tómate un momento para escribir de manera clara y específica lo que deseas alcanzar. ¿Qué aspecto de tu vida deseas cambiar o mejorar? Asegúrate de que sea un deseo que resuene profundamente contigo.

- Consejo: Sé lo más específico posible. Cuanto más claro sea tu deseo, más fácil será visualizarlo.

2. Visualización de la Realización

- Ejercicio: Una vez que hayas definido tu deseo, cierra los ojos e imagina que ya lo has logrado. Visualiza todos los detalles: ¿Cómo te sientes? ¿Qué ves? ¿Qué oyes? Mantén esta visualización durante al menos 10 minutos.

- Consejo: Siente las emociones asociadas con la realización de tu deseo como si ya fuera una realidad. Este sentimiento es crucial para la manifestación.

3. Construcción de un Evento

- Ejercicio: Piensa en un evento específico que seguiría a la realización de tu deseo. Por ejemplo, si deseas un ascenso, imagina el momento en que eres felicitado por tu jefe. Anota este evento.

- Consejo: Asegúrate de que este evento implique la acción de tu deseo cumplido.

4. Inducción de un Estado de Relajación

- Ejercicio: Encuentra un lugar tranquilo donde puedas relajarte. Inmoviliza tu cuerpo y comienza a inducir un estado de somnolencia. Puedes sentarte o acostarte, pero asegúrate de estar cómodo.

- Consejo: Respira profundamente y permite que tu mente se calme. Este estado de relajación facilitará la visualización.

5. Participación Activa en la Visualización

- Ejercicio: En este estado relajado, imagina que estás experimentando el evento que has construido. Siéntete como si realmente estuvieras llevando a cabo esa acción en el aquí y ahora.
- Consejo: Es esencial que no solo visualices, sino que te sumerjas en la experiencia. Hazlo tan vívido y real como puedas.

6. Repetición y Sostenimiento del Estado

- Ejercicio: Mantén la atención en tu visualización y la sensación de cumplimiento hasta que sientas que te has sumergido por completo en ella. Repite mentalmente una afirmación que refuerce tu deseo, como "Gracias por este logro" o "Ya soy [tu deseo]".
- Consejo: La repetición es clave; hazlo con constancia para que la sensación de la realización se convierta en parte de tu mentalidad.

7. Mantén la Fe en el Proceso

- Ejercicio: Cada vez que aparezca una duda, recuérdate a ti mismo que la manifestación de tu deseo es un proceso. Mantente enfocado en tu asunción y en la sensación de que ya es un hecho.
- Consejo: Practica la paciencia y la gratitud, sabiendo que cada paso que das te acerca a tu deseo.

8. Cierre a la Negatividad

- Ejercicio: Identifica pensamientos o creencias que contradicen tu deseo y desafíalos. Cada vez que surja una creencia negativa, redirígela hacia afirmaciones positivas que refuercen tu asunción.

- Consejo: Mantén un diario donde registres estas afirmaciones y tus progresos. Esto te ayudará a estar consciente de tus pensamientos.

9. Acción Inspirada

- Ejercicio: Permítete tomar acciones que se alineen con tu nueva identidad. Observa las oportunidades que se presentan y actúa cuando sientas una inspiración genuina.
- Consejo: La acción no siempre significa movimiento físico; a veces, la acción puede ser simplemente mantener la mentalidad adecuada.

10. Reflexiona y Ajusta

- Ejercicio: Dedica tiempo al final de cada semana para reflexionar sobre tus progresos. Anota cualquier cambio en tus pensamientos, emociones y acciones.
- Consejo: Si sientes que algo no está funcionando, ajusta tu enfoque y visualización para alinearte mejor con tu deseo.

-

REFLEXIONES FINALES

La clave para manifestar tus deseos es mantenerte fiel a tu idea y a tu asunción. La conciencia de que ya eres lo que deseas ser es fundamental para materializarlo en tu vida. A través de la práctica constante y la atención a tus pensamientos, experimentarás una transformación en tu realidad. Mantente enfocado, actúa con confianza y confía en que el universo trabaja en armonía con tus deseos.

PREGUNTAS Y RESPUESTAS
(Neville Goddard 1948)

Pregunta 1: ¿Cuál es el significado de las insignias en las cubiertas de tus libros

Respuesta: Es un ojo impuesto sobre un corazón que, a su vez está impuesto sobre un árbol cargado de frutos, lo que significa que de lo que tú eres consciente y aceptas como verdad tú lo vas a realizar. Como un hombre piensa en su corazón, así es él.

-

Pregunta 2: Me gustaría estar casada, pero no he encontrado al hombre adecuado. ¿Cómo imagino un marido?

Respuesta: Siempre enamorada de los ideales, ese es el estado ideal que captura la mente. No limites el estado de matrimonio a un cierto hombre, sino a una vida plena, rica y desbordante. Tú deseas experimentar la alegría del matrimonio. No modifiques tu sueño, sino reálzalo haciéndolo más hermoso. Luego condensa tu deseo en una sola sensación o acto que implique su cumplimiento.

En este mundo occidental una mujer lleva un anillo de bodas en el dedo anular de su mano izquierda. La maternidad no necesariamente implica matrimonio; la intimidad no necesariamente implica matrimonio, pero sí un anillo de bodas.

Relájate en un sillón cómodo, o acuéstate sobre tu espalda, e induce un estado próximo al sueño. Entonces asume la sensación de estar casada. Imagina un anillo de bodas en tu dedo. Tócalo. Dale vueltas alrededor del dedo. Sácalo sobre el nudillo. Mantén la acción hasta que el anillo tenga la nitidez y sensación de realidad. Llega a estar tan perdida sintiendo el anillo en el dedo que cuando abras los ojos, te sorprenderás de que no esté allí.

Si eres un hombre que no lleva anillo, podrías asumir una mayor responsabilidad. ¿Cómo te sentirías si tuvieras una esposa que cuidar? Asume la sensación de ser un hombre felizmente casado ahora mismo.

-

Pregunta 3: ¿Qué debo hacer para inspirar pensamientos creativos como los que se necesitan para escribir?

Respuesta: ¿Qué debes hacer? Asume que la historia ya ha sido escrita y aceptada por una gran editorial. Reduce la idea de ser un escritor a la sensación de satisfacción.

Repite la frase, "¿¡No es maravilloso!?" o "Gracias, gracias, gracias", una y otra vez hasta que te sientas realizado. O imagina a un amigo felicitándote. Hay innumerables maneras de implicar éxito, pero siempre ve hasta el final. Tu aceptación del final induce su cumplimiento. No pienses en conseguir el estado de ánimo para escribir, sino vive y actúa como si fueras ahora el autor que deseas ser. Asume que tienes el talento para escribir. Piensa en el modelo que quieres mostrar al exterior. Si tú escribes un libro y nadie está dispuesto a comprarlo, no hay satisfacción. Actúa como si la gente estuviera hambrienta de tu trabajo. Vive como si no pudieras producir historias o libros lo suficientemente rápido como para satisfacer la demanda. Persiste en esa asunción y todo lo necesario para alcanzar tu meta rápidamente florecerá y tú lo expresarás.

-

Pregunta 4: ¿Cómo imagino una audiencia más amplia para mis charlas?

Respuesta: Te puedo responder mejor al compartir la técnica utilizada por un profesor muy capaz que conozco. Cuando este hombre llegó por primera vez a este país empezó a hablar en una sala pequeña en la ciudad de Nueva York. Aunque sólo asistían cincuenta o sesenta personas a su reunión del domingo por la mañana y se sentaban en frente, este profesor se situaba en el podio e imaginaba una vasta audiencia. Entonces decía al espacio vacío, "¿Pueden oírme ahí atrás?"

Hoy en día este hombre está hablando en el Carnegie Hall de Nueva York para aproximadamente 2500 personas cada domingo por la mañana y miércoles por la tarde. Él quería hablar a multitudes. No era modesto. No trató de engañarse a sí mismo, sino construyó una multitud en su propia conciencia, y las multitudes vinieron.

Sitúate ante una gran audiencia. Dirígete a esa audiencia en tu imaginación. Siente que estás en ese escenario y tu sensación proporcionará los medios.

-

Pregunta 5: ¿Es posible imaginar varias cosas al mismo tiempo, o debo limitar mi imaginar a un deseo?

Respuesta: Personalmente me gusta limitar mi acto imaginario a un solo pensamiento, pero eso no significa que me detendré ahí. Durante el transcurso de un día puedo imaginar muchas cosas, pero en lugar de imaginar un montón de pequeñas cosas, me permito sugerir que imagines algo tan grande que incluya todas las cosas pequeñas. En lugar de imaginar riqueza, salud y amigos, imagina estar extasiado. No podrías estar extasiado y tener dolor. No podrías estar extasiado y ser amenazado por un aviso de desahucio. No podrías estar extasiado si no estuvieras disfrutando en plena medida de amistad y amor.

¿Cuál sería la sensación si estuvieras extasiado, sin saber lo que había pasado para producir tu éxtasis? Reduce la idea del éxtasis a la sensación única, "¿¡No es maravilloso!?"

No permitas que la mente razonadora consciente pregunte por qué, porque si lo hace comenzará a buscar causas visibles, y entonces la sensación se perderá. Por el contrario, repite una y otra vez, "¿¡No es maravilloso!?" Suspende el juicio en cuanto a qué es maravilloso. Captura la sensación única de la maravilla de todo ello y las cosas sucederán para dar testimonio de la verdad de esta sensación. Y te lo prometo, incluirá todas las cosas pequeñas.

-

Pregunta 6: ¿Con qué frecuencia debo realizar el acto imaginario, unos días o varias semanas?

Respuesta: En el libro del Génesis se cuenta la historia de Jacob luchando con un ángel. Esta historia nos da la clave de lo que estamos buscando: que cuando se alcanza la satisfacción, la impotencia le sigue.

Cuando la sensación de realidad es tuya, por el momento al menos, eres mentalmente impotente. El deseo para repetir el acto de la oración se pierde, habiendo sido reemplazado por la sensación de logro. Tú no puedes persistir en querer lo que ya tienes. Si asumes que eres lo que deseas ser hasta el punto del éxtasis, ya no lo quieres. Tu acto imaginario es tanto un acto creativo como físico en donde un hombre se detiene, se encoge y es bendecido, pues cuando el hombre crea su propia semejanza, también lo hace su acto imaginario transformándose en la semejanza de su asunción. Sin embargo, si no alcanzas el punto de satisfacción, repite la acción una y otra vez hasta que sientas como si la tocaras y virtud saliera de ti.

-

Pregunta 7: Me han enseñado a no pedir cosas terrenales, sólo para el crecimiento espiritual, sin embargo dinero y cosas son lo que necesito.

Respuesta: Debes ser honesto contigo mismo. A lo largo de las escrituras se hace la pregunta, "¿Qué quieres de mí?" Algunos querían ver, otros comer y otros más querían ser enderezados, o "Que mi hijo viva."

Tu ser dimensionalmente más grande te habla a través del lenguaje del deseo. No te engañes a ti mismo. Sabiendo lo que quieres, afirma que ya lo tienes, pues es la buena voluntad de tu Padre dártelo y recuerda, lo que deseas ya lo tienes.

-

Pregunta 8: ¿Cuando tienes asumido tu deseo, tienes en cuenta la constante presencia de ese Ser más grande protegiéndote y dándote tu asunción?

Respuesta: La aceptación del final induce los medios. Asume la sensación de tu deseo cumplido y el tú dimensionalmente más grande determinará los medios. Cuando te apropias un estado como si lo tuvieras, la actividad del día será desviar de tu mente todos los pensamientos ansiosos de modo que no busques señales. No tienes que llevar la sensación de que alguna presencia lo va a hacer por tí, sino que sabes que ya está hecho. Sabiendo que ya está hecho, anda como si lo fuera, y las cosas sucederán para que así sea. No tienes que preocuparte por una presencia haciendo algo por ti. El tú profundo dimensionalmente más grande ya lo ha hecho. Todo lo que haces es ir al lugar donde lo encuentras.

Recuerda la historia del hombre que dejó al maestro y de camino a su casa se encontró con su criado que le dijo: "Tu hijo vive." Y cuando preguntó a qué hora fue hecho eso el criado respondió: "A la hora séptima." A la misma hora en que él asumió su deseo, fue hecho para él, pues era a la hora séptima que el maestro dijo: "Tu hijo vive." Tu deseo ya está concedido. Camina como si lo estuviera y, aunque el tiempo late lentamente en esta dimensión de tu ser, no obstante te traerá la confirmación de tu asunción. Os pido no ser impacientes, sin embargo. Si hay una cosa de la que realmente tenéis necesidad es la paciencia.

-

Pregunta 9: ¿No hay una ley que dice que no puedes obtener algo por nada? ¿No debemos ganarnos lo que deseamos?

Respuesta: ¡La creación está terminada! Es la buena voluntad de tu Padre darte el reino. La parábola del hijo pródigo es tu respuesta. A pesar del desperdicio del hombre, cuando recupera el sentido y recuerda quién es él, come del ternero cebado de la abundancia y viste la túnica y el anillo de autoridad. No hay nada que ganar. La creación fue terminada en la fundación del tiempo. Tú, como hombre, eres Dios hecho visible con el propósito de mostrar lo que es, no lo que ha de ser. No creas que debes trabajar en tu salvación con el sudor de tu frente. No faltan cuatro meses hasta la cosecha, los campos ya están blancos, simplemente empuja la hoz.

-

Pregunta 10: ¿La idea de que la creación está acabada no le priva a uno de su iniciativa?

Respuesta: Si observas un evento antes de que ocurra, entonces el evento que se produzca debe estar predeterminado desde el punto de vista de estar despierto en este mundo tridimensional. Sin embargo, tú no tienes que encontrar lo que observas. Puedes, cambiando tu concepto de tí mismo, interferir con tu futuro y moldearlo en armonía con tu concepto cambiado de tí mismo.

Pregunta 11: ¿Esta capacidad de cambiar el futuro no niega que la creación esté terminada?

Respuesta: No. Tú, al cambiar tu concepto de tí mismo, cambias tu relación con las cosas. Si reordenas las palabras de una obra para escribir una diferente, no has creado nuevas palabras, sino que simplemente tuviste la alegría de reordenarlas. Tu concepto de tí mismo determina el orden de los eventos que te encuentres. Ellos están en la fundación del mundo, pero no su orden de colocación.

-

Pregunta 12: ¿Por qué alguien que trabaja duro en la metafísica siempre parece tener necesidades?

Respuesta: Porque en realidad no ha aplicado la metafísica. No estoy hablando de un enfoque ni fu ni fa de la vida, sino de una aplicación diaria de la ley de la conciencia. Cuando te apropias un bien no hay necesidad de que un hombre o estado actúe como un medio a través del cual el bien vendrá.

Viviendo en un mundo de hombres, el dinero es necesario en mi vida cotidiana. Si te invito a almorzar mañana, tengo que recoger el cheque. Al salir del hotel, tengo que pagar la cuenta. Para tomar el tren de regreso a Nueva York mi pasaje de tren debe ser pagado. Necesito dinero y tiene que estar ahí. Yo no voy a decir, "Dios sabe más, y él sabe que necesito dinero."

Por el contrario, ¡me apropiaré el dinero como si lo tuviera!

¡Debemos vivir con valentía! Tenemos que ir por la vida como si poseyéramos lo que queremos poseer. No pienses que porque ayudaste a otra persona, alguien fuera de tí vio tus buenas obras y te dará algo para aliviar tu carga. No hay nadie que lo haga por tí. Tú, tú mismo debes ir valientemente a apropiarte lo que tu Padre ya te ha dado.

-

Pregunta 13: ¿Puede una persona sin educación educarse a sí misma al asumir la sensación de ser educado?

Respuesta: Sí. A un interés despierto se le otorga información por todos lados. Debes sinceramente desear estar bien educado. El deseo de ser culto, seguido por la asunción de que lo eres, te hace selectivo en tu lectura. A medida que avances en tu educación, automáticamente te vuelves más selectivo, más exigentes en todo lo que haces.

Pregunta 14: Mi esposo y yo estamos viniendo a clase juntos. ¿Debemos hablar de nuestros deseos con los demás?

Respuesta: Hay dos dichos espirituales que impregnan la Biblia. Uno de ellos es, "Ve y no lo digas a nadie", y el otro es "Os lo he dicho antes de que pase, así que cuando venga a pasar lo podáis creer." Se necesita valentía espiritual para decirle a otro que tu deseo está cumplido antes de que sea visto en el exterior. Si no tienes esa clase de audacia, entonces es mejor guardar silencio.

Yo personalmente disfruto contándole mis planes a mi esposa, ya que ambos obtenemos una gran emoción cuando vienen a la existencia. La primera persona a quien un hombre quiere demostrar esta ley es a su esposa. Se ha dicho que Mahoma es eternamente grande porque su primera discípula fue su esposa.

-

Pregunta 15: ¿Mi esposo y yo deberíamos trabajar en el mismo proyecto o en proyectos separados?

Respuesta: Eso depende totalmente de vosotros. Mi esposa y yo tenemos intereses diferentes, sin embargo tenemos mucho en común. ¿Recuerdan la historia que conté de nuestro regreso a los Estados Unidos esta primavera? Sentí que era mi deber como marido conseguir pasaje de regreso a América, por lo que me apropié de eso para mí mismo. Siento que hay ciertas cosas que están en el lado de mi esposa del contrato, tales como mantener una casa limpia, bonita y encontrar la escuela apropiada para nuestra hija, así que ella cuida de ellas.

Muy a menudo mi esposa me pide que imagine para ella, como si ella tuviera más fe en mi capacidad para hacerlo que en la suya propia. Eso me halaga, porque todo hombre digno de este nombre quiere sentir que su familia tiene fe en él. Pero no veo nada de malo en la comunión entre dos que se aman.

-

Pregunta 16: Yo podría pensar que si entro demasiado en el estado de sueño tendría una falta de sensación.

Respuesta: Cuando hablo de la sensación no me refiero a la emoción, sino a la aceptación del hecho de que el deseo se cumple. Sintiéndose agradecido, satisfecho o agraciado es fácil decir, "Gracias", "¿¡No es maravilloso!?" o "Está terminado". Cuando entras en estado de agradecimiento, puedes despertar sabiendo que está hecho, o caer dormido en la sensación del deseo cumplido.

-

Pregunta 17: ¿Es el amor un producto de tu propia conciencia?

Respuesta: Todas las cosas existen en tu conciencia, sean amor u odio. Nada viene de fuera. Las colinas en las que buscas ayuda son las de orden interior. Tus sentimientos de amor, odio o indiferencia surgen todos de tu propia conciencia. Tú eres infinitamente más grande de lo que jamás podrías concebir ser. Nunca, en la eternidad llegarás a alcanzar el tú último. Así eres de maravilloso. El amor no es un producto tuyo, tú eres amor, pues eso es lo que es Dios y el nombre de Dios es YO SOY, el mismo nombre con que te llamas a tí mismo antes de hacer la afirmación en cuanto al estado en que estás ahora.

-

Pregunta 18: Supongamos que mis deseos no pueden materializarse por seis meses a un año, espero para imaginarlos?

Respuesta: Cuando el deseo está en tí, ese es el momento de aceptar tu deseo en su plenitud. Tal vez hay razones por las que la urgencia te es dada en este momento. Tu ser tridimensional puede pensar que no puede ser ahora, pero tu mente cuatridimensional sabe que ya lo es, así que el deseo debe ser aceptado por tí como un hecho físico ahora.

Supón que tú quieres construir una casa. La urgencia de tenerla es ahora, pero va a tomar tiempo para que los árboles crezcan y el carpintero construya la casa. Aunque la urgencia parezca grande, no esperes para adaptarte a ella. Reclama la posesión ahora y déjala objetivarse en su propia extraña manera. No digas que tomará seis meses o un año. En el momento en el que el deseo viene a tí, ¡asúmelo ya como un hecho! Tú y sólo tú has dado a tu deseo un intervalo de tiempo y el tiempo es relativo en lo que respecta a este mundo. No esperes para que nada pase, acéptalo ahora como si fuera y ve qué pasa.

Cuando tienes un deseo, el tú más profundo, que los hombres llaman Dios, está hablando. Él te urge, a través del lenguaje del deseo, a aceptar lo que es, ¡no lo que ha de ser! El deseo es simplemente su comunión contigo, diciéndote que tu deseo es tuyo, ¡ahora! Tu aceptación de este hecho es demostrada por tu total adaptación a él como si fuera cierto.

-

Pregunta 19: ¿Por qué algunos de nosotros morimos jóvenes?

Respuesta: Nuestras vidas no son, en retrospectiva, medidas por años sino por el contenido de esos años.

-

Pregunta 20: ¿Qué sería para ti una vida plena?

Respuesta: Una variedad de experiencias. Cuanto más variadas sean, más rica es tu vida. A la muerte tú funcionas en un mundo dimensionalmente más grande, y tocas tu partitura en un teclado hecho de una vida de experiencias humanas. Por lo tanto, mientras más variadas tus experiencias, más fino es tu instrumento y más rica es tu vida.

-

Pregunta 21: ¿Qué pasa con un niño que muere al nacer?

Respuesta: El niño que ha nacido, vive para siempre, ya que nada muere. Puede parecer que el niño que muere al nacer no tiene el teclado de la experiencia humana, pero, como dijo una vez un poeta: "Él dibujó un círculo y me dejó afuera, fue herético, indignante, una desconsideración. ¡Pero el Amor y yo fuimos más inteligentes! Dibujamos un círculo que le incluyó a él!"(1)

El enamorado tiene acceso a las experiencias sensoriales del amante. Dios es amor; por lo que, en última instancia, cada uno tiene un instrumento, cuyo teclado es las impresiones sensoriales de todos los hombres.

-

Pregunta 22: ¿Cuál es tu técnica de oración?

Respuesta: Se inicia con el deseo, porque el deseo es la fuente principal de la acción. Debes conocer y definir tu objetivo, entonces condénsalo en una sensación que implique el cumplimiento. Cuando tu deseo esté claramente definido, inmoviliza tu cuerpo físico y experimenta, en tu imaginación, la acción que implica su cumplimiento. Repite este acto una y otra vez hasta que tenga la vividez y la sensación de la realidad.

O bien, condensa tu deseo en una sola frase que implique el cumplimiento, tal como: "Gracias Padre", "¿No es maravilloso?", o "Se ha terminado". Repite esa frase o acción condensada en tu imaginación una y otra vez. Entonces, o despiertas de ese estado o te deslizas en lo profundo. No importa, pues el acto está hecho cuando tú lo aceptas completamente como terminado en ese estado soñoliento, adormecido.

-

Pregunta 23: Dos personas quieren el mismo puesto. Una lo tiene. La otra lo tenía y ahora lo quiere recuperar.

Respuesta: Tu Padre (el tú dimensionalmente más grande) tiene caminos y medios que tú no conoces. Acepta su sabiduría. Siente que tu deseo está cumplido, entonces permite a tu Padre dártelo a tí. La presente puede ser promovida a un puesto más alto, o casarse con un hombre de gran riqueza y renunciar a su trabajo. A ella le puede venir una gran cantidad de dinero, o optar por trasladarse a otro estado.

Muchas personas dicen que quieren trabajar, pero yo cuestiono eso seriamente. Quieren seguridad y condicionan la seguridad a un trabajo. Pero yo realmente no creo que la chica media verdaderamente quiera levantarse por la mañana e ir a trabajar.

-

Pregunta 24: ¿Cuál es la causa de la enfermedad y el dolor?

Respuesta: El cuerpo físico es un filtro emocional. Muchas enfermedades humanas, consideradas hasta ahora puramente físicas, son ahora reconocidas como enraizadas en trastornos emocionales.

El dolor viene de la falta de relajación. Cuando duermes no hay dolor. Si estás bajo un anestésico, no hay dolor porque estás relajado, por así decirlo. Si tienes dolor, es porque estás tenso y tratando de forzar algo. Tú no puedes obligar a una idea a encarnarse, simplemente te la apropias. Es una atención con mínimo esfuerzo. Sólo la práctica te llevará a ese punto donde se puede estar atento y aún estar relajado.

La atención es tensión hacia un fin, y la relajación es justo lo opuesto. Aquí hay dos ideas completamente opuestas que debes mezclar hasta que aprendas, a través de la práctica, cómo estar atento, pero no tenso. La palabra "contención" significa "atención con mínimo esfuerzo". En el estado de contención estás sostenido por la idea sin tensión.

-

Pregunta 25: No importa lo mucho que intente para ser feliz, por debajo, tengo una sensación melancólica de ser dejada fuera. ¿Por qué?

Respuesta: Porque sientes que no te quieren. Si yo fuera tú, yo asumiría que soy querida. Tú conoces la técnica. La asunción de que eres querida puede parecer falsa cuando la asumes al principio, pero si te sientes querida y respetada, y persistes en esa asunción, te sorprenderás de cómo los demás te buscarán. Comenzarán a ver cualidades en ti que nunca habían visto antes. Te lo prometo. Si tú asumieras que eres querida, lo serás.

-

Pregunta 26: Si la seguridad vino a mí a través de la muerte de un ser querido, ¿provoqué yo esa muerte?

Respuesta: No pienses ni por un segundo que tú provocaste una muerte por asumir seguridad. El tú más grande no va a dañar a nadie. Lo ve todo y, sabiendo la duración de la vida de todos, puede inspirar al otro para darte lo que puede cumplir tu asunción.

Tú no mataste a la persona que te nombró en su testamento. Si, unos días después de tu completa aceptación de la idea de seguridad, el tío Juan hizo su salida de este plano tridimensional y te dejó su patrimonio, es sólo porque era hora de que el tío Juan se fuera. Él no murió un segundo antes de su tiempo, sin embargo. El tú más grande vio el plazo de vida de Juan y lo usó como el modo para lograr el cumplimiento de tu sensación de seguridad.

La aceptación del fin induce los medios hacia el cumplimiento de ese fin. No te preocupes de nada salvo del fin. Siempre ten en cuenta que la responsabilidad de hacerlo así es completamente eliminada de tus hombros. ¡Es tuyo porque tú lo aceptaste así!

-

Pregunta 27: Tengo más de un objetivo. ¿Sería ineficaz concentrarse en objetivos diferentes en diferentes períodos de concentración?

Respuesta: Me gusta tomar una ambición absorbente, limitarla a una única frase o acto corto que implique cumplimiento, pero no limito mi ambición. Sólo sé que mi objetivo real incluirá todos los pequeños.

-

Pregunta 28: Me resulta difícil cambiar mi concepto de mí mismo. ¿Por qué?

Respuesta: Porque tu deseo de cambio no se ha despertado. Si te hubieras enamorado de lo que realmente quieres ser, te convertirías en ello. Se necesita un hambre intensa para lograr una transformación de sí mismo.

"Así como el ciervo jadea tras los arroyos, así clama mi alma por ti, oh Señor." Si llegaras a estar tan sediento de perfección como el cervatillo lo está de agua que desafía la rabia del tigre en la selva, llegarías a ser en perfecto.

-

Pregunta 29: Estoy contemplando un negocio de riesgo. Significa mucho para mí, pero no puedo imaginar cómo puede llegar a ser.

Respuesta: Tú eres relevado de esa responsabilidad. Tú no tienes que hacerlo realidad, ¡ya lo es! Aunque tu concepto de tí mismo parezca tan alejado de la empresa que ahora contemplas, existe ahora como una realidad dentro de ti. Pregúntate cómo te sentirías y lo que harías si tu negocio de riesgo fuera un gran éxito. Identifícate con ese carácter y sentimiento y te sorprenderás de lo rápidamente que realizarás tu sueño.

El único sacrificio que estás llamado a hacer es renunciar a tu actual concepto de tí mismo y apropiarte del deseo que quieres expresar.

-

Pregunta 30: Como estudiante de metafísica me han enseñado a creer que las creencias de la raza y las asunciones universales me afectan. ¿Quieres decir que

sólo en la medida que doy a estas creencias universales poder sobre mí, soy influenciado por ellas?

Respuesta: Sí. Es sólo tu punto de vista individual, mientras tu mundo está siempre dando testimonio de tu actual concepto de tí mismo. Si alguien te ofende, cambia tu concepto de tí mismo. Esa es la única manera de que los demás cambien. El periódico de esta noche puede ser leído por seis personas cualquiera en esta sala y ni dos interpretarán la misma historia de la misma manera. Uno será exaltado, otro deprimido, otro indiferente, y así sucesivamente, sin embargo, es la misma historia.

Asunciones universales, creencias de raza, llámalas como quieras, no son importantes para tí. Lo que es importante es tu concepto, no de otro, sino de tí mismo, pues el concepto que tienes de tí mismo determina el concepto que tienes de los demás. Deja a los demás en paz. ¿Qué son para tí? Sigue tus propios deseos.

Esa ley está siempre en funcionamiento, siempre absoluta. Tu conciencia es la roca sobre la que todas las estructuras descansan. Observa de lo que tú estás consciente. Tú no necesitas preocuparte por los demás, porque estás sustentado por lo absoluto de esta ley. Ningún hombre viene a tí por su propia decisión, sea bueno, malo o indiferente. ¡Él no te eligió a tí! ¡Tú lo elegiste a él! Fue atraído hacia ti por lo que tú eres.

Tú no puedes destruir el estado que otro representa mediante la fuerza. Por el contrario, déjalo en paz. ¿Qué es él para tí? Sube a un nivel de conciencia más alto y encontrarás un nuevo mundo esperándote, y mientras tú te santificas, los demás son santificados.

-

Pregunta 31: ¿Quién escribió la Biblia?

Respuesta: La Biblia fue escrita por hombres inteligentes que utilizaban mitos solares y fálicos para revelar verdades psicológicas. Pero nosotros hemos confundido su alegoría con la historia y, por tanto, hemos fracasado en ver su verdadero mensaje.

Es extraño, pero cuando la Biblia fue lanzada al mundo, y la aceptación parecía estar a la vista, la gran Biblioteca de Alejandría fue quemada hasta los cimientos, sin dejar ningún registro de cómo la Biblia llegó a ser. Poca gente pueden leer otros idiomas, por lo que no pueden comparar sus creencias con otras. Nuestras iglesias no nos animan a comparar. ¿Cuántos de los millones que aceptan la Biblia como un hecho, alguna vez la cuestionan? Creen que es la palabra de Dios, aceptan ciegamente las palabras y así pierden la esencia que contienen. Habiendo aceptado el vehículo, no entienden lo que el vehículo transmite.

-

Pregunta 32: ¿Utilizas los apócrifos?

Respuesta: No en mi enseñanza. Tengo varios volúmenes de ellos en casa. Ellos no son superiores a los sesenta y seis libros de nuestra Biblia actual. Están simplemente contando la misma verdad de un modo diferente.

Por ejemplo, se cuenta la historia de Jesús, cuando era niño, observando a los niños hacer pájaros de barro. Tomando los pájaros en sus manos, ellos pretenden que los pájaros están volando. Jesús se acerca y destruye los pájaros con sus manos. Mientras ellos empiezan a llorar, toma uno de los pájaros rotos y lo remodela. Sosteniéndolo en alto, sopla sobre él y el pájaro levanta el vuelo.

He aquí una historia de alguien que vino a romper los ídolos en las mentes de los hombres, luego les muestra cómo usar la misma sustancia y remodelarlos en una bella forma y darles vida. Eso es lo que esta historia está tratando de transmitir.

"Yo vengo, no para traer paz, sino una espada."

La verdad mata todas las pequeñas gallinas de barro de la mente; mata las ilusiones y luego las remodela en un nuevo patrón que hace al hombre libre.

Pregunta 33: Si Jesús era un personaje ficticio creado por los escritores bíblicos con el fin de ilustrar ciertos dramas psicológicos, ¿cómo explicas el hecho de que él y su filosofía sean mencionados en la historia no religiosa y no cristiana de aquellos tiempos? ¿No eran Poncio Pilato y Herodes funcionarios romanos de carne y hueso en aquellos días?

Respuesta: La historia de Jesús es idéntica a la historia del salvador hindú, Krishna. Son los mismos personajes psicológicos. Ambos se suponía que habían nacido de madres vírgenes. Los gobernantes de la época los buscaron para destruirlos cuando eran niños. Ambos sanaban a los enfermos, resucitaban a los muertos, enseñaban el evangelio de amor y tuvieron una muerte de mártires por la humanidad. Tanto los hindúes como los cristianos creen que su salvador es Dios hecho hombre.

Hoy la gente cita a Sócrates, sin embargo la única prueba de que Sócrates alguna vez existiera está en las obras de Platón. Se dice que Sócrates bebió la cicuta, pero yo te pregunto: ¿quién es Sócrates? Una vez cité un verso de Shakespeare y una señorita me dijo: "Pero Hamlet dijo eso." Hamlet nunca lo dijo, Shakespeare escribió las líneas y puso las palabras en la boca de un personaje que creó y llamó Hamlet. San Agustín dijo una vez: "Eso que ahora es llamado la religión cristiana existió entre los antiguos. Empezaron a llamar al cristianismo la verdadera religión, sin embargo nunca existió."

-

Pregunta 34: ¿Utilizas afirmaciones y negaciones?

Respuesta: Dejemos esas escuelas de pensamiento que utilizan afirmaciones y negaciones. La mejor afirmación y la única efectiva es una asunción que, en sí misma, implique la negación del estado anterior.

La mejor negación es la total indiferencia. Las cosas se marchitan y mueren a través de la indiferencia. Se mantienen vivas a través de la atención. No niegas una cosa diciendo que no existe. En cambio pones sentimiento en ella reconociéndola, y lo que tú reconoces como verdad, es verdad para tí, sea bueno, malo o indiferente.

-

Pregunta 35: ¿Es posible para alguien parecer muerto y todavía no estar muerto?

Respuesta: El general Lee se suponía haber nacido dos años después de que su madre, que se creyó muerta, fue enterrada viva. Por suerte para ella no fue embalsamada o enterrada en la tierra, sino en una bóveda donde alguien la escuchó gritar y la liberó. Dos años más tarde la Sra. Lee dio a luz un hijo que se convirtió en el General Lee. Eso es parte de la historia de este país.

-

Pregunta 36: ¿Cómo podría alguien que fue pobre en su juventud convertirse en un éxito en la vida?

Respuesta: Somos criaturas de hábito, formando patrones mentales que se repiten una y otra vez. Aunque el hábito actúa como una ley irresistible que conduce a uno a repetir los patrones, no es una ley, pues tú y yo podemos cambiar los patrones. Muchos hombres de éxito, tales como Henry Ford, Rockefeller y Carnegie fueron pobres en su juventud. Muchos de los grandes nombres en este país vienen de familias pobres, sin embargo dejaron tras ellos grandes logros en el mundo político, artístico y financiero.

Una noche, un amigo mío asistió a una reunión de jóvenes ejecutivos de publicidad. El orador de la noche dijo a esos jóvenes: "Sólo tengo una cosa que deciros esta noche, y es haceros grandes y no podéis fracasar."

Tomando una pecera común, la llenó con dos bolsas, una de nueces inglesas y la otra de frijoles pequeños. Mezclándolas con la mano, comenzó a sacudir el recipiente y dijo: "Este recipiente es la vida. No puedes detener su sacudida, ya que la vida es un constante ritmo vital pulsante, pero observad." Y mientras observaban las grandes nueces llegaron arriba del recipiente mientras los pequeños frijoles cayeron al fondo.

Mirando en el recipiente el hombre preguntó, "¿Quién de ustedes está quejándose, preguntando por qué?" Luego añadió, "No es extraño, el sonido viene del recipiente y no de fuera. Un frijol se está quejando de que si él hubiera tenido el mismo entorno que la nuez él también haría grandes cosas, pero nunca tuvo la oportunidad." Entonces tomó un frijol pequeño del fondo del recipiente y lo colocó arriba diciendo: "Yo puedo mover el frijol a través de mera fuerza, pero no puedo detener que el recipiente de la vida sea sacudido", y mientras sacudía el recipiente, el pequeño frijol, una vez más se deslizó hasta el fondo.

Oyendo otra voz de queja preguntó: "¿Qué es eso que oigo? ¿Estás diciendo que debería tomar uno de esos tipos grandes que cree que es tan grande y ponerlo en el fondo y ver qué le sucede? ¿Crees que será tan limitado como tú, porque será privado de la oportunidad de grandes cosas como tú? Veamos."

Entonces el orador tomó una de las nueces grandes y la empujó hasta el fondo del recipiente diciendo: "Todavía no puedo detener el recipiente de sacudirse", y como las personas observaron, la nuez grande llegó arriba otra vez. Entonces el orador añadió:

"Señores, si realmente quieren tener éxito en la vida, háganse grandes."

Mi amigo tomó este mensaje a pecho y comenzó a asumir que era un exitoso hombre de negocios. Hoy día es verdaderamente un gran hombre si juzgas el éxito en dólares. Ahora emplea a más de mil personas en la ciudad de Nueva York. Cada uno de ustedes puede hacer lo que él hizo. Asume que eres lo que quieres ser. Camina en esa asunción y se materializará en hecho.(1) El poeta Edwim Markham tenía un amigo que en cierta ocasión se volvió en su contra. Pero en vez de amargarse y decepcionarse por eso, escribió una pequeña poesía expresando su filosofía acerca del perdón.

TEMAS CLAVE

LA CONCIENCIA COMO ÚNICA REALIDAD

Se presenta la idea de que la conciencia es el fundamento de la realidad que experimenta cada individuo. Según este enfoque, la conciencia no solo participa en la observación del mundo, sino que tiene un rol creador, siendo la raíz de todas las experiencias. La lección sugiere que las percepciones y los estados mentales de cada persona son los elementos que dan forma a su entorno y las circunstancias en las que vive.

Este principio afirma que la realidad no es algo que se impone de manera externa, sino algo que se configura a través del estado interno de cada individuo. Así, se enfatiza que la autoimagen y la creencia en el "Yo Soy" son fuerzas poderosas que determinan los sucesos de la vida. La lección también profundiza en cómo, a través de una conciencia enfocada y disciplinada, es posible moldear las experiencias en sintonía con los deseos y aspiraciones personales. En este sentido, la conciencia se convierte en la única constante de la que emanan todas las manifestaciones de la vida.

-

INTERPRETACIÓN ALEGÓRICA DE LA BIBLIA

Se propone una perspectiva distinta de los textos bíblicos, considerándolos no como un registro histórico, sino como una colección de enseñanzas psicológicas y alegóricas. En esta visión, los relatos bíblicos no representan hechos o personajes reales, sino símbolos de los procesos internos de la mente humana. Los personajes, situaciones y escenarios descritos en la Biblia se interpretan como manifestaciones de aspectos psicológicos que cada individuo puede experimentar en su vida personal.

Los antiguos narradores, según esta lección, emplearon personajes y eventos como metáforas cuidadosamente seleccionadas para ilustrar principios universales de la conciencia y la transformación personal. Por ejemplo, los nombres y roles asignados a figuras bíblicas, como "Dios" o "Jesús," reflejan símbolos de conceptos profundos que apuntan hacia el autoconocimiento y el dominio de la mente. Cada historia se presenta entonces como una guía sobre cómo el individuo puede comprender y dirigir su propio mundo interno.

Esta interpretación propone que, al estudiar la Biblia desde una perspectiva alegórica, se puede extraer un "germen vital" que revela verdades psicológicas más profundas y trascendentes. En este sentido, los relatos bíblicos enseñan cómo la conciencia humana influye y crea la realidad externa, ofreciendo claves para la autotransformación y el desarrollo de una vida plena y en armonía con los deseos personales.

\-

DOMINIO A TRAVÉS DE LA IDENTIFICACIÓN DE DIOS Y JESÚS

Se expone una interpretación particular de los nombres y símbolos sagrados, especialmente los de "Dios" y "Jesús," como expresiones del proceso de creación personal y desarrollo interno. Según esta enseñanza, los nombres divinos en hebreo antiguo, como JOD HE VAU HE para Dios (conocido comúnmente como Jehová) y JOD HE VAU SHIN AYIN para Jesús, no son meramente etiquetas o referencias, sino representaciones de las etapas de manifestación de los deseos humanos. Cada letra de estos nombres se interpreta como una clave simbólica para entender las capacidades internas del individuo de transformar su realidad.

Se explica que la repetición y contemplación de estos nombres sagrados constituyen un ejercicio de identificación con las cualidades divinas, donde el individuo se funde simbólicamente con el poder creador. En este sentido, "Dios" es visto como la conciencia o el "Yo Soy," mientras que "Jesús" se entiende como la capacidad de asumir y experimentar una identidad concreta dentro de esa conciencia. Jesús, descrito aquí como el hijo de Dios, simboliza el poder del individuo para adoptar nuevas realidades y desprenderse de los estados de ser que ya no desea.

La lección muestra que, al internalizar estos nombres sagrados y sus significados, el practicante no solo reconoce su propia conexión con la energía creadora, sino que también adopta el dominio sobre su vida. Al identificarse y asimilar las cualidades representadas por estos nombres, el individuo accede a una forma de poder interior que le permite reconfigurar su mundo en armonía con sus deseos. Es un acto de transformación consciente en el que la persona, al sentir la realidad de ser lo que aspira, encarna y manifiesta esa verdad en su entorno.

-

EL PODER DE LA IMAGINACIÓN Y LA ORACIÓN

Se presenta a la imaginación como una herramienta central y poderosa para la manifestación de deseos, revelándose como el medio mediante el cual una persona puede dar forma y vida a sus aspiraciones. Según esta enseñanza, la imaginación no es meramente una capacidad para visualizar, sino un acto creativo capaz de moldear la realidad, ya que lo que se imagina de manera intensa y sostenida tiene el potencial de concretarse en el mundo físico.

La lección también redefine la oración, no como un ruego o súplica, sino como un acto de autoidentificación en el que el individuo asume mental y emocionalmente la realidad del deseo cumplido. La oración, en este contexto, es una técnica mediante la cual la persona adopta una nueva identidad, percibiéndose ya en posesión de aquello que anhela. Así, se convierte en un ejercicio de profundo compromiso emocional y mental con la experiencia deseada, creando un cambio interno que, según esta lección, transformará el futuro al alinearse las circunstancias externas con esa nueva percepción interna.

Esta interpretación de la oración enfatiza que el éxito de la manifestación depende de la claridad y la constancia en la asunción del deseo. En lugar de enfocarse en las condiciones actuales o en los obstáculos, el practicante dirige su atención hacia el sentimiento de satisfacción y completitud que implica haber alcanzado lo que desea. Al "orar" de esta forma, visualizando y sintiendo como si ya fuera realidad, el individuo usa su imaginación para proyectar una nueva versión de su vida y atraerla hacia sí. Así, la oración se convierte en un poderoso vehículo para la transformación, permitiendo al individuo ejercer su poder creativo y reconfigurar su realidad en consonancia con sus deseos más profundos.

-

EL PAPEL DEL SUEÑO Y EL ESTADO HIPNAGÓGICO EN LA CREACIÓN

Se plantea una técnica de manifestación que explora el uso del estado de semi-sueño o estado hipnagógico como una herramienta para profundizar en los deseos personales y facilitar su realización. Este estado hipnagógico, un momento de transición entre la vigilia y el sueño en el que la mente consciente comienza a relajarse mientras la mente subconsciente toma mayor protagonismo, es presentado como un punto óptimo para influir en el subconsciente de manera efectiva.

La enseñanza sugiere que durante este estado de somnolencia, la mente consciente está lo suficientemente relajada como para no ofrecer resistencia a nuevas ideas, lo que permite una conexión directa con el subconsciente, que es la fuente de las manifestaciones en la realidad. En este momento, el individuo puede enfocar su mente en sus deseos, visualizándolos como ya cumplidos y experimentando las emociones que se derivarían de su realización. Al hacerlo, se implanta de manera más profunda en el subconsciente la imagen y el sentimiento de esa realidad deseada, activando una cadena de acontecimientos que se dice llevará a su materialización.

Este enfoque resalta que el estado hipnagógico es particularmente poderoso porque en él la mente racional y crítica está en reposo, permitiendo que el practicante se sumerja en una experiencia sensorial plena de su deseo, sin que surjan dudas o resistencias. De esta manera, la técnica fomenta que el deseo, una vez implantado en el subconsciente en un momento de vulnerabilidad consciente, comience a trabajar de manera autónoma para reflejarse en la vida del individuo. El estado hipnagógico, entonces, se convierte en un espacio mental donde el practicante "siembra" sus intenciones para que éstas germinen y den fruto en su realidad.

CONCLUSIÓN

Resumen de los principios clave:

el libro "5 Lecciones Para Manifestar Tus Deseos" de Neville Goddard presenta un enfoque práctico para lograr los objetivos deseados a través de la imaginación y la conciencia. Goddard plantea que la realidad es una proyección de la conciencia y que, al asumir que ya se ha logrado lo que se desea, se desencadenan fuerzas que hacen que esto se manifieste en la vida. Con una técnica que involucra visualización, estado de relajación y persistencia en la asunción, los lectores pueden transformar sus experiencias y acercarse a sus metas.

PLAN DE ACCIÓN PARA LA APLICACIÓN DIARIA

1. Definir claramente el deseo:
- Es importante que los lectores sepan exactamente qué quieren lograr. La claridad de intención permite que la mente se enfoque en el objetivo deseado y evita la dispersión de la atención.

2. Crear un evento imaginario:
- Según Goddard, es esencial visualizar un evento que suceda después de cumplir el deseo, uno que implique claramente su logro. Esta visualización debe ser sencilla, como estrechar la mano de alguien en señal de éxito, para que la mente pueda anclar esa imagen como un hecho cumplido.

3. Inducir un estado de relajación:
- Relajarse y entrar en un estado próximo al sueño, en el que la atención pueda fluir sin esfuerzo, facilita que la mente acepte la visualización como real. Esta técnica ayuda a que el deseo se impregne profundamente en la conciencia.

4. Experimentar el deseo en tiempo presente:
- Durante la visualización, uno debe sentirse inmerso en la escena, viviendo el momento como si el deseo ya se hubiera cumplido. La clave está en experimentar las emociones y sensaciones de haber logrado el objetivo, lo que permite que el deseo se vuelva una realidad psíquica antes de manifestarse físicamente.

5. Permanecer fiel a la visualización:
- Aun cuando los sentidos físicos puedan sugerir lo contrario, se debe mantener el compromiso con la visualización. Esta persistencia en la práctica fortalece la convicción de que el deseo se realizará, independientemente de las apariencias externas.

GLOSARIO DE CONCEPTOS CLAVE

1. Conciencia:

- Es la fuente de toda realidad. Goddard sostiene que nuestra conciencia de ser determina todo lo que experimentamos y es, por tanto, la única realidad auténtica.

2. Imaginación:

- La herramienta mental con la cual podemos visualizar y asumir un estado deseado. A través de la imaginación, uno puede experimentar internamente lo que quiere, lo que eventualmente se manifiesta en el mundo externo.

3. Asunción:

- Acto de asumir una condición como real en la mente, creyendo firmemente que ya es un hecho. Goddard asegura que una asunción, si se mantiene con fe, se convierte en realidad en el plano físico.

4. Estado de relajación:

- Un estado mental cercano al sueño en el que es más fácil para la mente aceptar una nueva realidad. Esta relajación facilita la concentración en la visualización sin distracciones.

5. Persistencia:

- La práctica de permanecer fiel a la visualización y la asunción del deseo cumplido, sin ceder a las apariencias externas o la duda. La persistencia es esencial para manifestar cualquier deseo.

6. Ley de la atracción:

- La idea de que lo semejante atrae a lo semejante, lo que significa que al asumir y sentir una realidad deseada, atraemos las circunstancias necesarias para que esta se realice.

LECTURAS RECOMENDADAS

1. "El Poder del Ahora" de Eckhart Tolle:
- Un texto que explora la importancia de la conciencia en el momento presente, ofreciendo un enfoque práctico sobre cómo el estado mental influye en nuestra realidad.

2. "Piense y Hágase Rico" de Napoleon Hill:
- Aunque enfocado en la mentalidad de prosperidad, Hill aborda la importancia de visualizar y asumir la identidad de éxito, principios alineados con la manifestación consciente que enseña Goddard.

3. "El Secreto" de Rhonda Byrne:
- Este libro es un referente contemporáneo sobre la ley de la atracción, un concepto que Goddard también explora. Ofrece historias inspiradoras y técnicas prácticas de visualización y afirmación.

4. "La Ciencia de Hacerse Rico" de Wallace D. Wattles:
- Un clásico sobre el poder del pensamiento en la creación de riqueza y éxito personal, que complementa bien la idea de asunción de Goddard como una herramienta de manifestación.

5. "Rompe la barrera del no" de Joe Dispenza:
- Dispenza ofrece un enfoque basado en la neurociencia, mostrando cómo el cerebro y la mente pueden transformarse a través de la visualización y el pensamiento positivo, temas relacionados con los principios de Goddard.

CRONOLOGÍA DE LA VIDA DE NEVILLE GODDARD

1905:

- Neville Lancelot Goddard nació el 19 de febrero en St. Michael, Barbados, en el seno de una familia británica. Es el cuarto hijo de una familia de nueve varones y una niña.

1922:

- A los 17 años, Neville se muda a la ciudad de Nueva York para estudiar teatro. Trabaja como actor y bailarín en el escenario y en películas mudas, actuando en Broadway, en películas mudas y haciendo giras por Europa con una compañía de danza.

1923:

- Neville se casa brevemente con Mildred Mary Hughes. Tienen un hijo, Joseph Goddard, nacido en 1924.

1929:

- Neville marca este año como el inicio de su viaje místico. Recuerda una experiencia espiritual: "Fui llevado en espíritu al Consejo Divino donde los dioses conversan".

1931:

- Después de años de estudiar lo oculto, Neville conoce a su maestro Abdullah, un hombre negro con turbante y de ascendencia judía. Trabajan juntos durante cinco años en la ciudad de Nueva York.

1938:

- Neville comienza su propia carrera como docente y conferenciante, compartiendo sus conocimientos místicos.

1939:

- Neville publica su primer libro, A Tus Órdenes.

1940-1941:

- Neville conoce a su segunda esposa, Catherine Willa Van Schumus .

1941:

- Neville publica su segundo libro, Tu Fe es tu Fortuna.

1942:

- Neville se casa con Catherine y tienen una hija, Victoria, más tarde ese mismo año. También publica Libertad Para Todos: una aplicación práctica de la Biblia.

1942-1943:

- De noviembre a marzo, Neville sirve en el ejército y luego regresa a Greenwich Village, Nueva York. En 1943, aparece un perfil suyo en The New Yorker.

1944:

- Neville publica Sentir es el Secreto.

1945:

- Neville publica Plegaria: El Arte De Creer.

1946:

- Neville conoce al filósofo Israel Regardie , quien lo perfila en El romance de la metafísica. También publica un panfleto, La Búsqueda.

1948:

- Neville imparte sus famosas conferencias "Cinco Lecciones" en Los Ángeles, que luego se publican póstumamente como libro.

1949:

- Neville publica Fuera de este Mundo: Pensar en cuarta dimensión.

1952:

- Neville publica El Poder de la Conciencia.

1954:

- Neville publica Imaginación Despierta.

1955:

- Neville comienza a presentar programas de radio y televisión en Los Ángeles.

1956:

- Neville publica Semilla y cosecha: Una visión mística de las Escrituras.

1959:

- Neville experimenta un profundo evento místico, describiéndolo como un renacimiento de su propio cráneo, seguido de otras experiencias místicas.

1960:

- Neville lanza un álbum de palabra hablada.

1961:

- Neville publica La Ley y La Promesa. El capítulo final, "La Promesa", detalla la experiencia mística de 1959 y las experiencias posteriores.

1964:

- Neville publica el panfleto Rompe la Cáscara: Una Lección En Las Escrituras.

1966:

- Neville publica su último libro completo, Resurrección, que describe su visión mística y el potencial de la humanidad para realizar su naturaleza divina.

1972:

- Neville muere el 1 de octubre a los 67 años en West Hollywood, al parecer de un ataque cardíaco. Está enterrado en la parcela familiar en St. Michael, Barbados.

ACERCA DE LOS AUTORES

Neville Goddard

Fue un pensador místico profundo e influyente del siglo XX. Sus enseñanzas se centraban en el concepto radical y empoderador de que la imaginación humana es la verdadera manifestación de Dios. Creía que todo en la vida de una persona, ya sea positivo o negativo, es resultado de sus pensamientos, sentimientos y estados imaginativos.

La infancia de Neville estuvo marcada por su crianza en Barbados, donde nació en 1905 en una familia anglicana. A los 17 años, se mudó a la ciudad de Nueva York en 1922 para dedicarse al teatro. Aunque alcanzó el éxito como actor y bailarín, actuando en Broadway y en películas mudas, su vida dio un giro radical a principios de la década de 1930. Dejó atrás su carrera de actor para sumergirse en el estudio de la metafísica.

Bajo la influencia de su mentor, Abdullah, una misteriosa figura de ascendencia africana y judía, Neville comenzó a explorar principios espirituales profundos que combinaban el cristianismo con el misticismo. Se embarcó en una carrera como escritor y conferenciante, utilizando su carisma e intelecto para dar charlas impactantes en iglesias metafísicas, centros espirituales y lugares públicos. Sus enseñanzas se centraban especialmente en el poder del pensamiento y la imaginación como la fuerza creativa suprema.

A pesar de no alcanzar una fama generalizada durante su vida, la influencia de Neville ha crecido significativamente desde su muerte en 1972. Sus obras, en particular sus libros como Sentir Es El Secreto, El Poder De La Conciencia y La Ley y La Promesa, ahora se consideran precursores de las ideas modernas sobre la mecánica cuántica y el poder de la conciencia para dar forma a la realidad.

Las ideas de Neville también han inspirado a pensadores y autores espirituales contemporáneos, entre ellos Carlos Castaneda y Joseph Murphy, quienes desarrollaron temas similares en sus propias obras. Hoy en día, sus enseñanzas son ampliamente consideradas como atemporales y siguen atrayendo a un público cada vez mayor que busca aprovechar el potencial creativo de la mente.

Imaginatio Divina Editorial

Creemos que el poder de la creación reside en cada uno de nosotros. Inspirados por las profundas enseñanzas de Neville Goddard, promovemos la transformación de la vida a través del poder de la imaginación y la conciencia. Nuestra editorial se dedica a publicar obras que revelan la capacidad innata de los individuos para dar forma a su realidad a través del pensamiento consciente y la fe interior. Cada libro, cada palabra, tiene como objetivo guiar a los lectores hacia el descubrimiento de su naturaleza divina y su poder creativo, en línea con la filosofía de que "la imaginación es Dios en acción".

www.ingramcontent.com/pod-product-compliance
Lightning Source LLC
Chambersburg PA
CBHW070856160726
48004CB00003B/1106